전업자녀

직 업 이   뭐 냐 고 요 ?   자 녀 입 니 다

전업자녀

전영수 지음

한국경제신문

3장. 전업자녀를 둘러싼 몇몇 논점

4장. 전업자녀의 활용법

전업자녀, 내 자녀의 속내를 읽는 힌트

다 자란 새들이 둥지를 떠나듯 성장한 자녀는 부모를 떠난다. 의심의 여지는 추호도 없는, 유구한 본능이며 당연한 사실이다. 생애 이벤트(교육, 연애, 취업, 결혼, 출산 등)를 거치면서 아이는 어른이, 자녀는 부모가 된다. 그런데 오늘날 이 현상은 사뭇 달라졌다. 아들딸이 집을 떠나지 않거나, 나갔다가 되돌아온 경우가 급격히 늘어난 것이다.

예전에 이런 일은 일부의 특이 현상으로 볼 수 있었다. 특수한 사정이 있거나 아니면 아예 감춰져 보이지 않았다. 흔치 않은 이상(異常) 풍경답게 소수파로 치부됐다. 정책도 여론도 관심을 갖지 않는, 주변부의 쓸쓸하고 우울한 에피소드에 지나지 않았다.

그러나 이제 더는 아니다. 일부의 변신 행보가 전체의 정상궤도로 옮겨갈 태세다. 새로운 표준 모델로 안착 실험(?)중인 '전업자녀'의 출현 기세가 만만찮다. 분화와 독립이 절대 진리라고 믿고 있는 부모에게 이들의 경로 이탈은 무척 생경하고 불편하다. 관찰하고 질문하며 '왜?'를 되뇌인다. 아직은 아닐지언정 안심하기는 이르다. 시대가 전업자녀를 키워내기 때문이다. 둥지를 떠나 가족을 꾸릴 시기일수록 '설마'의 확률은 부모를 거칠게 옥죄어든다. 이해하지 못할 일은 아니니 처음에는 설득하고 유도한다 해도, 갈수록 이해 또는 흡수할 수밖에 없다. 이로써 부모 동의 속 전업자녀는 수면 위로 떠오르며 새로운 삶의 유력한 선택지로 채택된다.

달라진 아들딸을 이해하는 힌트가 전업자녀에 녹아 있다. 누구든 전업자녀의 예비후보일 수밖에 없기 때문이다. 즉 전업자녀는 겉만 낳았지 속은 모르는, 그래서 더 궁금하고 소중한 내 아이의 속내를 찾아낼 나침반 중 하나다. 전업자녀의 최신 트렌드만 잘 분석해도 후속세대의 오늘을 이해하고 내일을 예견하는 지렛대로 활용할 수 있다. 전업자녀는 이제 더는 청년 그룹의 일탈 카드로만 치부할 수 없는 현상이다. 어쩌면 엄중한 시대 변화에 맞서 더 잘 살아내려는 처절한 몸부림의 생활 모델에 가깝다. 규범 질서의 파괴자가 아닌 구조개혁의 안내자로 바라봐야 한국 사회의 지속 가능성이 커진다.

그런데도 전업자녀는 여전히 위기 또는 악재 취급을 받는다. 출현하지 말아야 할 이상한 반발이나 반동기제로 해석되기도 한다. 참으로 안타깝고 난감한 일이다. 전업자녀는 이제 맞설 수도, 막을 수도 없는 엄연한 시대 현상에 가깝다. 하물며 심각한 사회문제는 더더욱 아니다. 오히려 기회로 여기고 이를 호재로 전환해야 한다. 방치나 비난하기보다 활용하라는 뜻이다. 중요하고 시급한 건 이해와 공감이다. 전업자녀가 '왜' 등장했고(1장), '누구'인지(2장) 확인해야만 활용을 위한 논점 화두(3장)와 세부 전략(4장)을 세울 수 있다. 정밀히 분석해야 확실한 독법이 나온다. 시대가 변했다. 이제는 낯선 현상을 평범한 일상으로 선택한 전업자녀들을 불러모아야 할 때다.

전업자녀는 한국 사회의 바로미터다. 복잡다단한 시대 변화가 유도, 강제한 새로운 생애모형과 가족 유형의 달라진 기준값(디폴트)이 켜켜이 투영된다. 표준 모델은 시시때때로 변한다. 기계적인 바통터치로 세대 분화를 완성한 4인 핵가족은 설 땅을 잃었다. 그 대신 합리적인 분화포기로 세대 의존을 제안한 '1인화 vs. 대가족'의 타협 카드(전업자녀)가 떠올랐다. 저성장, 재정난, 인구병의 구조압박을 보면 부모와 자녀의 상호부조형 동거 계약은 한층 다양하고 일반적일 수밖에 없다. 번아웃의 각자도생을 좇는 완전독립보다는 시너지의 자원교환을 통한 상호의존이 설득력 있기 때문이다.

삶은 변하고 길은 바뀐다. 어떻게든 살아내려는 아들딸의 고육지책과 그들을 밀어주고픈 엄마아빠의 내리사랑이 완성한 전업자녀의 대량출현은 이미 시작됐다. 한국보다 먼저 감축사회와 수축경제가 지배한 선진국형 선행사회도 유사경로를 겪었다. 결별을 지연시키고 방해하는 시대 변화가 독립을 가로막고 귀소를 재촉한다. 중요한 건 눈에 넣어도 아프잖을 아들딸의 삶이다. 그들은 응원하고 지지할 대상이지 비난, 힐책의 상대여서는 안 된다. 이런 현상을 짐이 아닌 힘으로 활용하는 건 기능부전의 한국사회를 구원할 필연적 전략이다. 특이점을 넘긴 전업자녀가 연착륙을 통한 시대의 엔진이 되게끔 강구해야 한다.

오늘날 모든 아들딸은 적든 많든 전업자녀의 모습을 지녔다. 당장은 아니더라도 앞날은 알 수 없다. 비단 전업자녀의 개념 정의에 딱 맞지 않더라도 아들딸이 택한 달라진 삶과 스토리를 존중하는 계기가 되길 바란다. 또 사회, 정부, 기업, 시장은 전업자녀의 신현상에서 지속 가능한 생존과 성장 구조를 모색하는 기회를 찾으면 좋겠다.

책이라는 매체는 명백한 한계와 약점이 있다. 최대한 관련 통계를 소환하고 주변의 사례분석을 덧댔지만, 그럼에도 허술한 논리와 과도한 비약이 있음을 밝힌다. 가급적 덜어내고 걸렀지만, 일부 반복하는 내용은 강조의 의미로 받아주면 더할 나위 없이 감사한 일이다.

전영수

1장

왜 전업자녀인가?

1.
특이점에 진입한 한국사회

수축사회에 진입했다. 모든 게 줄어들고 움츠린다. 원래는 안 그랬다. 불과 얼마 전까지 한국사회의 수식어는 성장, 확장, 팽창 같은 양적인 플러스 지표 천지였다. 인플레가 떠받친 장기, 복합 호황의 고도성장론을 완성한 결과다. 지속되면 좋겠지만 상황은 정반대다. 떨어지는 칼날처럼 매섭게 마이너스를 향해 내달린다. 기울기나마 줄이면 다행인 듯하다. 정체, 감축, 축소가 눈앞의 이슈인 채 잠재성장률은 ±1~2%대까지 추락했다. 사실상 성장최대치가 2%란 말은 핍박경영의 채택을 뜻한다. 우상향(↗)의 과거 추억은 우하향(↘)의 현실 압박에 씁쓸함을 남기고 자리를 비켜줘야만

하는 상황이다. 특이는 명백한 이점이다. 물밑에선 시대변화가 떠밀고 생존전략이 당겨낸 변용 패턴이 출현하여 안착하기 시작했다.

옛날은 아름다웠다. 다가서면 뚫렸고 자고 나면 커졌다. 상대적 박탈은 있을지언정 절대적 박탈은 시간이 전부 구제해줬다. 1980년대까지 나타났던 두 자릿수 성장률이 그 증거다. 지금은 제로성장을 걱정할 판이니 격세지감이라는 말이 절로 떠오른다. 그 출발은 가족 파워였다. 즉 베이비부머가 불 지른 '노동집약 → 우수인재'의 노동력이 가족연대 속 경제성장을 불러왔다. 자본주의가 요소투입형 가성비란 점에서 한국은 토지(D)와 자본(K), 총요소생산성(TFP)보다 노동(L)을 경쟁력으로 고공행진의 성장 모델을 썼다. '대량출생 → 교육열정 → 우수인재'가 공급되며 '노동집약 → 인구배당 → 자본축적'의 제조산업을 특화했다. 여기에 정부지원, 기술개발, 혁신가치 같은 무형자산이 뭉쳐지며 완결성을 높였다.

성장률은 확실히 꺾였다. 두 자릿수 고공행진이 엊그제 같은데 지금은 제로 원점을 향해 치닫는다. 잠재성장률은 2% 아래로 추락했고, 실질성장률은 ±1%에 턱걸이한 수준이다(2025년). 인구폭증을 토대로 노동집약형을 꾀하며 선진국 뒤를 좇는 추격이론을 모범적으로 실행해 성취한 장기, 고성장의 기적 모델은 멈췄다. 1990년대 성장 엔진에 이상징후가 보이며 마지막 불씨는 꺼져간다. 2010년대부터는 인구위기 속 제로 성장 언저리까지 침체구간에 진입했다. 막강한 인적자원과 탄탄한 인구배당이 쏘아 올린 모범성장은 '인플레 → 디플레 → 스태그'의 흐름 속 유통기한 종료 시점에 다가선다.

'대량출생→교육열정→우수인재'가 쏘아 올린 고성장 기억

한 시기를 구가했던 성장과 물가의 쌍끌이 호황구조는 왕년의 추억으로 넘어갔다. 험난한 성장경로를 폭넓게 뚫어준 인구공급은 초유의 위기경고와 함께 반전했다. 6.5명(1955~1960년)이었던 출산율은 ±0.7~0.8명(2025년)까지 폭락하며 성장, 물가에 더해 3박자 동반하향을 완성했다. '고도성장 준비기(인구폭증) → 고도성장 절정기(인구발전) → 감축성장 전환기(인구정체) → 제로성장 압력기(인구위기)'의

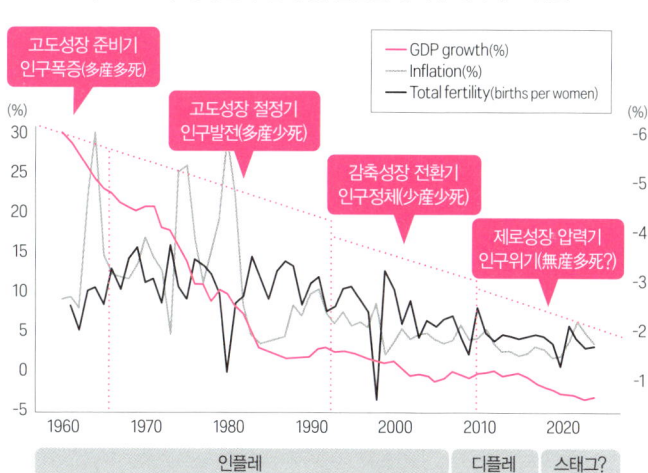

〈그림 1-1〉 성장률과 물가 및 출산율 장기추이와 구조전환

고도성장 준비기
인구폭증(多産多死)

고도성장 절정기
인구발전(多産少死)

감축성장 전환기
인구정체(少産少死)

제로성장 압력기
인구위기(無産多死?)

GDP growth(%)
Inflation(%)
Total fertility(births per women)

인플레   디플레   스태그?

우하향 침체경로다. 이로써 시대전환의 새로운 구조전환은 중대하고 시급한 화두로 떠오른다(그림 1-1).

강렬한 기억만큼 고성장은 여전히 진리다. 몸으로 증빙해낸 중년 이상의 인구집단은 성장복원을 갈망한다. 낮게 깔리는 감축성장은 인정하기도, 수용하기도 어렵다. 그러나 축소와 재편은 더는 거부하거나 회피하기 어려운 시대조류다. 어쩌면 선진한국이 품어야 할 숙명에 가깝다. 그만큼 더 내달리기 힘든 임계점에 닿은 분위기다. 무엇보다 성장을 이끌 투입요소가 약화됐다. 고출생의 인구 보너스가 가속화한 '거대집단+저렴몸값+우수인재'의 선순환은 끝 났다. 초저출생이 축소, 폐쇄적인 인구 오너스(Onus)의 부 메랑을 불러온 것이다. 1970년 102만 명이었던 출생아 수 는 2020년대부터 20만대 안쪽까지 떨어졌다. '인구감소 → 시장축소 → 소득감소 → 재정악화 → 성장하락'은 사실상 메 가트렌드란 얘기다.

시대를 읽어야만 생존과 성장을 담보할 수 있다. 인구변 화는 시대 독법의 바로미터다. 생산과 소비의 핵심주체란 점에서 산업과 경제는 물론 정치, 사회, 문화까지 광범위한 파급력의 원점에 인구가 있다. 시대정의조차 인구변화가 뒤 흔들고 결국 인구변화가 끝맺는다. '인구변화 → 시대전환 → 인구변화'의 연결 논리다. 화재 현장의 연소 흔적은 발화 지점을 향해 눕는다고 한다. 어지럽게 흐트러져 있어도 원 인 진단이 유효하니 해결 논리도 기대할 수 있다. 한국형 사 회문제도 인구변화 하나로 설명된다. 개별적인 집안 살림의 생활 전환부터 거시적인 나라 운영의 전략 수정까지 모두 인구변화가 일으킨 결과다. '욕구변화 → 구조변화'와 같다.

그 인구변화가 기존 모델의 임계점을 불러왔고 변용 실험의 특이점을 열었다. 한국사회의 현재 분석과 미래 진단은 인구변화의 이해와 활용에 달려 있다.

인구변화가 불을 지핀 한국사회의 재편 풍경은 지금보다 앞날이 극적일 전망이다. 약간의 특이점이 아닌 큰 폭의 전환점일 확률이 높다. 지금은 별것 아닌 걸 별것이라 외쳐본들 낯선 공기 속 항간의 관심과 이해는 크지 않다. 그러나 수많은 현실의 풍경과 숫자 통계는 과거와 완벽히 결별한 전대미문(前代未聞)의 미래 한국을 향한다는 사실을 명백히 뒷받침한다. 벌써 깊게 발을 디뎠을지도 모른다. 호구지책의 일상사가 힘들어 눈길을 돌리기가 어려울뿐더러 인구변화 특유의 지체 현상으로 발생과 체감에 시차가 크다는 점도 인구독법의 걸림돌이다. 안타깝게도 그럴수록 정밀히 대응하기는 어려워진다. 눈앞의 당면과제 앞에 미래의 인구이슈는 후순위로 밀릴 수밖에 없다.

특이점을 넘어선 전환점에 불쑥 발 디딘 한국사회

급변기의 회오리에 휘말린 한국사회의 상황을 숫자로 확인해보자. 역시 출산율부터다. 최근 확인되는 ±0.75명은 인류사상 기네스북에 오를 만한 통계다.[1] 남녀가 만나 가족을 결성한 후 1명을 낳지 않는다는 뜻이다. 그래도 2024~2025년은 반등이 예상되어 실로 간만의 잔치 분위기다. 다만 크게 좋아할 일인지 신중할 필요는 있다. 베이비부머 에코 세대(자녀세대)가 서른을 넘겨 결혼 및 가임 연령기에 들어섰고, 코로나19 후 기저효과로 혼인 증가가 확인되며, 분모인 15세의 신규진입 여성 인구가 줄어드는 등 통계상 착시효과가 두루 반영된 결과로 보여서다. 누가 봐도 최근 몇 년간 출산이 늘어날 만큼의 환경개선은 목격되지 않기 때문이다. 오히려 반짝 반등의 착시현상을 불러온 통계효과가 끝나면 상황은 더 악화될 수도 있다. 예비엄마는 더 줄어드는 데다 결혼, 출산 환경의 개선 기대도 만만찮다. 초저출생의 굳어진 추세전환이 사실상 어렵다고 보는 이유다.

그렇다면 임계점을 넘어선 시대전환, 즉 인구급변의 원인은 무엇일까? 호구지책의 돈벌이, 일자리를 사이에 둔 대폭적인 환경변화로 요약 정리할 수 있다. 인구가 힘인 시절은 끝나고 가족이 짐인 시대가 펼쳐진 것이다. 한국만큼 인구 수혜를 입으며 성장한 사회가 없다는 점에서 보면 무척 놀랄 만한 상황 역전이다.

한국형 성장 기적을 연결하면 다음과 같은 흐름을 볼 수 있다. '인구증가 → 노동집약 → 교육특화 → 우수인재 → 도시집중 → 집적효과 → 고도성장.' 서구가 의아해하는 서울중심 자원집중, 학력특화 성공모델, 고비용형 가족결성, 성차별적 육아환경 등은 우수한 인재가 되려는 '농산어촌(고출산지) → 수도서울(저출산지)'로의 거대한 사회이동이 빚어낸 한국형 출생포기론의 유력한 근거다. 물론 선진국도 더 잘 살기 위해 전출 및 전입의 사회이동을 하지만 한국처럼 무조건적인 향(向) 수도 현상은 없다.

힘이었던 인구가 짐으로 변질 '가족붕괴 가속화'

서울행의 취지가 유지되는 조건은 사실상 고성장뿐이다. 문제는 구조적, 장기적인 저성장 궤도의 본격화다. 모두가 중

류층을 지향했고 실현했던 고성장 엔진은 이제 꺼져버렸다. 최대한의 성장치인 잠재성장률이 바닥권을 해맨다면 일부만 넉넉히 챙겨갈 뿐, 대다수는 소득 없이 방치된다. 더 아등바등 노력하거나 아니면 적당히 타협할 수밖에 없다. 우수한 인재임을 증빙해 뽑아왔던 가성비가 나빠지면 본전 생각도 절실해진다. 굳이 높은 원가를 투입해 바늘구멍의 산출을 뽑으려는 동기는 사라진다. 합리적인 의사결정답게 공고했던 학벌주의의 경쟁전선에서 이탈하는 이들도 하나둘 늘고 있다.

물론 아직은 초기 단계다. 여전히 서울행은 간절하고 건재하다. 의대 광풍처럼 '교육 몰빵'을 통한 인생역전은 그 무엇보다 힘이 세다. 저성장 속에서 장기적, 안정적인 금권 확보의 지름길이니 말이다. 다만 지속하기는 어렵다. 다 가져도 삶은 더 치열해진다. 확보 가능한 부가가치 자체가 줄어들면 거센 경쟁에도 불구하고, 얻어낼 성과는 제한된다. 이때 생존전략은 위험회피로 굳어진다. 삶 곳곳에 포진한 위험경로를 애초부터 회피하고 거부하는 경향이 강해진다. 대표적인 현상이 가족분화의 포기다. 소득은 그만그만한데 집값을 필두로 한 물가가 고공 행진하면, 평범한 이들은 마른 수건을 짜내듯 절약하고 허리띠를 조일 수밖에 없다. 이런 상태를 가리키는 말인 스태그플레이션(Stagflation)은 '경기침체(Stagnation) + 물가상승(Inflation)'의 이중고를 뜻한다. 유유자적의 고성장형 행복 비전을 실현하기는 어려운 상황이다. 스태그플레이션은 한국사회 특이점을 상징하는 현상이다.

과거질서와 결별해야 그나마 생존활로가 넓어진다. 위험수위를 가뿐히 넘겨버린 초저출생은 암울해진 특이현상이 불러온 대표적인 결과다. 한정된 자원을 두고 벌이는 무한경쟁, 확보난항 속 고비용의 가족분화를 택하기란 어렵기 때문이다. 우리나라만의 특이현상은 아니다. 주요 국가들은 예외없이 저성장 후 인구유지선(출산율 2.1명)이 허물어졌다. 한국은 특유의 과잉경쟁과 과다출혈의 우수인재 증빙효과가 가세해 상황을 더욱 악화시켰다. 서울에 안착하기도 힘들거니와 정착해도 축소지향은 불가피하다. 서울행은 곧 '저밀도, 고출산 → 고밀도, 저출산'을 의미하니 출생감소를 부채질하는 셈이다. 결국 독립분화의 가족결성은 고위험, 저수익의 선택 카드로 전락한다.

2.
사회변용과 가족변화

가족이 위험에 빠졌다. 행복의 근원이던 가정이 불행의 씨앗으로 전락했다. 대신 초저출생에서 볼 수 있듯이 아예 가족을 꾸리지 않는 것이 청년의 표준 모델로 등장했다. 개인을 탓할 필요가 없다. 분화 의지를 꺼버린 건 다름 아닌 냉엄한 시대변화다. 인구변화가 선두지표로 떠오르며 이전과는 다른 가족의 변화를 이끈다. '시대변화 → 인구변화 → 가족변화'의 흐름이다.

전업자녀는 4인 표준가족의 붕괴행렬이 초래한 청년전략 중 하나다. 달라진 자녀관이 새로운 가족관과 만나 전업자녀를 빚어냈다. 이는 스스로 잘 살고자 하는 가족 단위의 신

복지전략이기도 하다. 저성장, 고물가의 이중악재를 버텨내려면 고성장기 선배 세대가 설정, 유도한 독립전제의 생애경로는 벗어나야만 한다.

가족변화는 그토록 강력했던 우수인재형 성장 모델이 멈춰서며 가속화한다. 행복한 인생을 보장했던 '고학력, 대기업'의 모범경로가 좁아지며 닫힌 결과다. 고성장 시절에는 공부만 잘하면 성공할 확률이 컸다. 정규직, 대기업의 기업복지에 연공서열, 종신고용의 장기소득은 삶의 위험수위를 낮춰줬다. '졸업 → 취업 → 성공'의 컨베이어벨트는 관성적으로 연결됐다. 그러나 이젠 끝났다. 현재 고통과 미래 편익의 교환구조는 빛바랜 과거의 잣대에 불과하다. 자녀 그룹은 부모의 경로를 의심하고 거부한다. 누구나 걸었던 독립분화와 가족결성을 버림으로써 한층 똑똑해진 이기적 유전자를 발휘한다. 그들에게 가족은 도박이자 위험이기에 본인 중심의 인생을 타진하고 실천한다.

본래 가족은 행복을 위한 본능적인 인간 조직이다. 인류가 가장 오랫동안 추구해온 유토피아의 원형에 가깝다. 그래서 '오래된 미래'로 이해된다. 능력에 따라 일하고 필요에 따라 나누는 이상적인 공동체가 유토피아라면 이는 가족일 수밖에 없다. 꿈꾸는 미래지만, 이미 그 시공간은 오래전 꾸려졌다.[2] 그랬던 가족이 달라졌다. 이를 문제로 여길 이유는 없다. 변화를 이해하고 활용해야 한다. 대안가족을 재해석하고 가족개념을 재구성해야 하는 시기다. 그래야 지속 가능한 사회연결을 기대할 수 있다. 가족을 최소분모로 둔 세대분화적인 바통 교환이 이루어져야 이 사회는 유지된다.

빛바랜 고학력, 대기업의 성공모델과 가족붕괴

가족과 사회는 닭과 달걀의 관계다. 사회 변화가 새로운 가족 형태를 낳지만, 결국 가족을 세포로 사회는 구성된다. 그래서 가족의 위기는 곧 사회의 위기다. 더욱이 가족의 빅뱅현상은 막을 수 없다. 정확한 진단과 적합한 개념으로 인식구조를 전환해 초라한 퇴장보다 건실한 변화를 이루도록 접근해야 한다. 변하지 않는 가족의 본질과 역할을 시대에 맞게끔 조정해 그 자체로 존재 이유를 강화하는 것이다. 위기란, 기존의 질서는 붕괴됐지만 새로운 질서는 아직 도래하지 않은 시기를 의미한다. 그러니 전업자녀처럼 듣도 보도 못한 현상을 부정적으로만 볼 게 아니라, 인정하고 수용함으로써 시대변화에 맞는 새로운 질서에의 전향적인 진화로 삼아야 한다.

실제 가족은 빠르게 변한다. 시대변화에 최적화된 가족 실험으로 생존과 행복을 확보하기 위해서다. 달라진 실험이 먹혀들면 새로운 표준이 된다. 요컨대 표준가족의 표준은 고정되어 있지 않고 변화한다. 시대가 표준을 정한다. 시대별 유력한 가족 모델의 변용맥락을 살펴보면 전업자녀의 본격적인 등판은 자연스러운, 어쩌면 불가피한 현상이다. 노동집약적인 농경문화일 때는 '3~4세대형 친족대가족'이 최적 효용을 갖는다. 출산 공급을 통한 내부노동이 완성돼야 파종, 수확 등 대량노동이 필요할 때 무료(?)로 손쉽게 동원할 수 있다. 이때 자녀출산의 경제 동기 중 노동효용이 선순위에 꼽히며 고출생을 유도한다.

분업체계로 공장제조와 집중노동을 불러온 산업혁명은 '핵가족형의 표준가족'을 소개했다. 이는 소분화된 근대가족의 원형이다. 아빠는 일하고 엄마는 살림하는 성별 분업

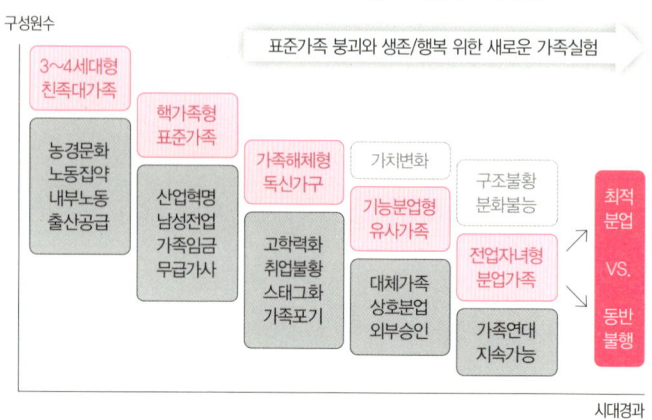

〈그림 1-2〉 시대별 유력 가족모델과 직업자녀의 등장

구성원수

표준가족 붕괴와 생존/행복 위한 새로운 가족실험

3~4세대형
친족대가족

핵가족형
표준가족

농경문화
노동집약
내부노동
출산공급

산업혁명
남성전업
가족임금
무급가사

가족해체형
독신가구

가치변화

구조불황
분화불능

최적
분업

기능분업형
유사가족

VS.

고학력화
취업불황
스태그화
가족포기

전업자녀형
분업가족

동반
불행

대체가족
상호분업
외부승인

가족연대
지속가능

시대경과

(남성 전업, 여성 가사)이 본격화했다. 고성장으로 지불된 외벌이의 가족임금이 핵가족을 먹어살렸다. 엄마는 무급 가사의 전업주부로 역할했다. 이후 현대가족은 '기적해체형 독신가구 → 기능분업형 유사가족'을 거쳐 최근의 '전업자녀형 분업가족'에 이른다. 고학력인데도 취업불황으로 혼자 사는 가족해체가 최적 카드가 된 후 가치분화까지 심화되며, 핏줄연대가 아닌 대체가족이 상호분업으로 가족 역할을 보완한다. 그 끝에서 전업자녀가 나타난다. 가족분화가 불가능한 구조불황이 부모, 자녀의 달라진 가족연대로 지속 가능

성을 타진한다. 이로써 전업자녀는 '최적분업 vs. 동반불행'의 실험 무대에 올랐다(그림 1-2).

가족은 전형적인 위험관리장치… 이젠 '가족=위험'으로

'남성 전업, 여성 가사'의 성별 분업으로 버텨낼 수 있는 세상이 아니다. 엄마를 출동시킨 맞벌이 모델로도 행복은 쉽지 않다. 그렇다면 다음 단계는 세대분업이다. 분화된 가족 결성에서 연결된 세대분업이 난관을 돌파할 카드로 선택된다. 맞벌이 모델이 낳은 만혼, 비혼, 출산감소, 가족해체는 세대분업의 전업자녀가 본격화되면 더욱 심해질 전망이다. 맞벌이조차 힘겨워진 저성장, 재정난, 인구병의 암울한 시대변화 탓이다. 그나마 가족이 똘똘 뭉쳐 부모의 생존능력을 높이고, 그래도 힘들면 부모 자녀의 상호협력에 무게 중심을 주자는 의미다.

이때 전업자녀는 부모자산과 자녀자산을 교환 및 거래하는 산출결과이자 파생존재로 해석된다. '모계사회(원시) → 남성가부장(중세) → 남녀맞벌이(현대) → 세대분업(현재)'[3]의

가족구조 발달사도 이를 뒷받침한다. 특히 극단적 산업화가 세대분업을 강제한다.

결국 성별 역할로 완성된 남성 전업, 여성 가사는 붕괴됐다. 완전히 사라질 때까지 전업자녀처럼 상당한 혼란과 변용은 불가피하다. 현대가족이 모색하는 새로운 길은 가족 안의 자유로운 관계 설정에서 시작된다. 전업주부에서 가사분담으로 전환된 과정도 그랬다. 전업자녀가 만들어갈 분담 내역은 시대변화 속 한층 드라마틱한 자원 결합으로 실현된다. 상실된 기능인 '가족 = 위험관리장치'의 복원을 지향한다. 사랑과 유대만으로는 가족의 미래를 유지할 수 없다. 공공이 개입하되 가족도 바뀌어야 한다. 그 유력후보인 전업자녀는 폭탄이 아닌 엔진이 되는 관계설정의 재검토를 의미한다.

남녀평등의 현대적 가족 모델도 저성장 앞에서는 무너진다. 겉보기에는 정의롭고 아름답지만, 정작 현실에선 무한책임의 균등 배분과 부담 증가를 불러왔다. 일과 가정의 양립조화에 부부 모두 강제적으로 투입되는 구조다. 쌍방이 안정된 경제기반을 전제로 결합, 구성한 가족 모델이 현실

장벽에 부딪힌 것이다. 경제 상황이 나쁠수록 선택할 자유 자체가 적어지며 양립조화는 그림의 떡으로 전락한다. 공동부양의 조율에 실패하면 어느 한쪽은 희생해야 한다. 가사, 돌봄이 가족 내부로 집중될수록 더욱 그렇다.

이때 독립분화보다 동거합체가 유리해진다. 자녀는 연장된 부모 슬하의 지원 수혜로 경쟁력을 강화하며 훗날을 도모하고, 부모는 불확실한 자녀 독립의 불안과 갈등에서 벗어나 안전을 확보하고 가사 및 돌봄 업무를 교환받음으로써 자금유출 없는 내부소비를 완성한다. 가족 단위의 달라진 협력게임이자 새로운 상생모델로 전업자녀를 평가하는 배경이다. 부모 자녀가 잘 살려고 선택한 그들만의 생존전략인 것이다.

표준가족 붕괴행렬 속 생존 위한 상생모델 필요

따라서 전업자녀는 가족해체보다 가족진화로 봐야 합리적이다. 악화된 시대가 낳은 결핍과 부재를 새로운 가족의 역할로 분담하며 상생효과를 꾀해서다. 이미 전통사회에선 상상하기 힘든 새로운 가족 형태가 속속 등장하고 있다. 핵가족을 뛰어넘는 핵분열은 물론 새로운 결합의 핵융합까지 일으키는 빅뱅 현상에 가깝다. 사회가 어려울수록 가족의 가치는 상한가를 치고, 반대로 풍요로울수록 가족의 의미는 퇴색한다. 아무 걱정 없이 잘 살 때는 가족을 생각하거나 의존하는 일이 적지만, 어려움에 직면하면 금세 생각나고 찾게 되는 존재가 또 가족이다. 결국 가족을 둘러싼 접근 및 집착의 수준과 정도는 사회병리의 측정값에 수렴한다. 사회병리가 커졌기에 독립은커녕 귀환하는 자녀까지 등장한 것이다.

독립분화와 가족결성을 가로막는 장벽은 높아져만 간다. 차라리 독립, 결혼의 이유가 사라지는 시대라는 주장이 설득적이다. 그러니 새로운 가족과 늘어난 가족은 찾아보기 어렵다. 아마도 지금 있는 가족이 끝나면 자연스레 사라질 전망이다. 한때를 호령했던 4인형 표준가족은 갈수록 눈에 띄게 줄어들고, 나홀로 1인형이 새로운 기준가족으로 등판했다. 실제 1970년 4인가구는 16%대에 불과했다. 당시는 6인가구가 44%를 차지하는 등 대가족이 압도적인 표준 모

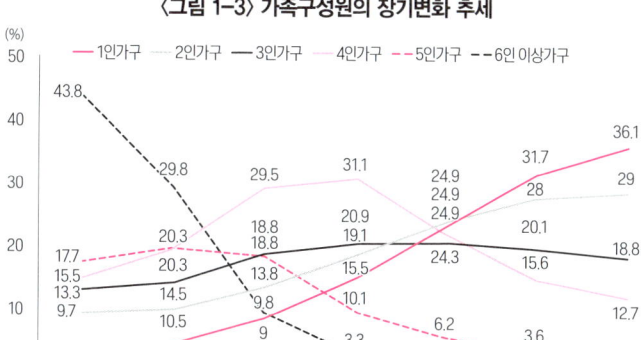

〈그림 1-3〉 가족구성원의 장기변화 추세

(%)
- 1인가구 2인가구 3인가구 4인가구 --5인가구 --6인 이상가구

43.8

29.8

29.5
31.1
36.1
31.7
29

20.3
18.8
18.8
20.9
19.1
24.9
24.9
24.9
24.3
28
20.1
18.8

17.7
15.5
13.3
9.7
20.3
14.5
10.5
13.8
9.8
9
15.5
10.1
3.3
15.6
12.7

0
4.8
6.2
1.8
3.6
0.9
2.7
0.6

1970 1980 1990 2000 2010 2020 2024

자료: 국가데이터처, '인구총조사' 각 연도

델이었다. 4~6인가구는 총 76%에 달했던 반면 1인가구는 제로였다. 그러나 두 세대가 지난 지금 상황은 완전히 역전됐다. 1인가구가 36%, 무자녀 부부일 확률이 높은 2인가구까지 포함하면 65%로 늘었다. 4~6인가구는 16%뿐이다.

전업자녀는 새로운 가족주의가 낳은 트렌드다. 독립분화의 전제였던 돈벌이의 고단함이 강제했다. 1인분의 자립 생활이 힘겨워 독립을 포기하고 부모에게 귀환했다. 역설적이게도 산업화가 1인화에 불을 지폈다. 주거이동과 기술발전은 한곳에 머물기보다 기민하게 이동하는 걸 유리하게 만들었다. 지금은 저성장 속 독립을 통해 얻을 기회가 급감했다. 일은 없고 집값은 뛰니 독립은 선택범주에서 멀어졌다.

전업자녀는 강요된 결과라고 해석되기도 한다. 고도성장과 치열한 경쟁으로 자산을 축적하는 데 성공한 선배세대가 바통을 거부하는 후배세대를 비난하는 적반하장격의 폄하 논리라는 의미다. 기성세대의 이익에 반하는 청년 그룹에게 무기력한 빨대 인상이란 낙인효과를 덮어씌운 것이다. 후대가 출산해야 연금도 받고, 그들이 집을 사야 차익을 낼 수 있어서다. 그러니 전업자녀는 억울할 수밖에 없다.

3.
달라진 엄빠의 새로운 자녀관

＊＊＊

몇 년후 정년퇴직을 앞둔 50대 맞벌이의 3인 가족. 외아들의 취·창업을 통한 사회 데뷔가 어려워지자 안쓰러운 맘에 '계속 슬하에 두기로 작정'했다. 밖에서 이리저리 치이며 돈 몇 푼의 알바에 고생하는 아들을 더는 두고 보기 힘들어서다. 간간이 취미로 즐기는 음악 활동할 때의 아들 얼굴을 떠올리며 요컨대 '부모연금 함께쓰기'를 결정했다. 어차피 물려줄 돈 이렇게라도 해야 속이 편하다. 넉넉하진 않지만, 맞벌이 연금이라 좀 빠듯이만 살면 아들이 경쟁력이 생길 때까지는 문제가 없으리라 본다. 아들 탓하며 갈등을 낭비하기보다 불가피한 흐름을 받아들이기로 한 셈이다.

***

첫째 딸은 대학 졸업 후 2년째 취업 준비 중이다. 대학 때 2년간 자취한 후 되돌아왔다. 실리도 명분도 복귀 말고는 없기 때문. 취준으로 자신감이 줄어서 외부활동은 꺼린다. 대신 어느샌가 맞벌이하는 부모를 대신해 집안일을 한다. 딸은 용돈도 받는데다 취업준비용 활동자금도 지원받아서 크게 부족하진 않다. 그만큼 부모의 심기를 살핀다. 분위기 좋을 때는 계속 같이 살거라고 애교(?)도 부린다. 부모도 그러려니 받아들인다. 시집 잘못가서 고생하느니 뜻이 없다면 함께도 나쁘지 않다는 생각이다. 딸은 부모의 예상연금액과 소비용처를 엑셀로 정리해 함께라도 문제없음을 자주 어필한다고.

위의 에피소드는 필자 주변의 실존 사례들이다. 핵심의제를 뽑으면 '전업자녀는 부모가 만든다'로 귀결한다. 특이점을 넘긴 한국사회가 가족변용의 샘플로 전업자녀를 잉태했는데, 이때 적든 많든 부모의 역할이 주효했다고 보기 때문이다. 적극적인 협의나 유도는 없을지언정 최소한 결과론적인 부모 동의는 공통분모다. 전업자녀의 출발은 시대변화와 인식전환일 수 있지만, 완성은 결국 부모의 존재에서 확인된다. 그간 없었던 자녀유형이란 점에서 권유든 포기든 품어안는 부모의 결합이 관건이다. 양 손바닥이 부딪혀야 소리가 나듯 근로자(자녀)가 원해도 사용자(부모)가 OK해야 운영되는 노사관계와 비슷하다. '가사 vs. 용돈'이 교환되는 계약관계를 전업자녀의 특징으로 보는 평가와도 일맥상통한다.

희소자원이 된 자녀지원은 숙명, '헬리콥터 부모지갑'

달라진 자녀의 당돌한 선택으로 전업자녀를 속단해서는 안된다. 헝그리 정신은커녕 되바라진 퇴행으로 보는 맹랑한 시선은 더더욱 금물이다. 시대가 전업자녀를 낳았다고 보아야 한다. 깨지기보다 뭉치는 게 낫다는 부모자녀의 연합전선인 셈이다. 과거에도 이와 유사한 패턴은 있었지만 지금처럼 수면 위로 떠오르지는 않았다. 수가 적어서 감춰졌기에, 있지만 없는 유령자녀로 존재했다. 폐쇄 은둔의 초기 단계인 '캥거루족'이 이에 해당한다.

반면 전업자녀는 본인 의지와 부모의 응원이 합쳐져 세간의 평가를 '부정 → 긍정'으로 승화(?)했다. 못난 자녀의 열등 현상에서 힘든 사회의 생존전략으로 전환된 것이다. 왜 전업자녀인지, 사회가 애정을 갖고 연착륙을 유도하며 이를 위기보다 기회로 삼는 전략을 수립해야 한다. 어떻게 해도 늘어날 수밖에 없다면 일찍 잘 대응해 구조완화 속 활용기회로 바꾸려는 노력이 현명한 자세다. 문제일 수도 없거니와 문제도 아닌 까닭이다.

전업자녀의 대거 등장은 일찌감치 전조현상을 보였다. 사회문제로도 부각된 '헬리콥터 부모'가 그 대표 사례다. 원래 자녀를 독립시키는 일은 비교적 무난한 편이었다. 고성장이 독립 기반을 갖춰줬고, 부모라는 둥지의 이소 행위는 본능이자 의무였다. 부모 또한 이를 자신의 임무 완료로 이해했다. 무엇보다 장기적이면서 안정적인 자녀동거형 둥지 경영은 부모 능력 밖의 일이었다. 일일이 모든 자녀의 독립분화를 챙겨줄 능력과 의지가 충분하지 않았던 것이다. 자녀도 이를 잘 알기에 스스로 1인분을 위해 독립했고, 취업·주거의 본인 마련이 가능한 시대환경의 도움도 받았다.

하지만 지금은 아니다. 둥지를 떠나기도 힘들뿐더러 보내 줄 환경도 아니다. 둥지 밖은 지옥인데 준비되지 않은 자녀를 그리로 내보낼 부모는 없다. 다행스러운 건 이전보다 커진 부모의 능력이다. 성장 수혜를 입은 든든한 부모의 지갑이 전업자녀를 사회현상으로 발탁한 것이다.

정리하면 '엄빠찬스'다. 위로와 안정을 제공하는 기댈 언덕 덕에 심신이 괴로울 수밖에 없는 전업자녀는 편해졌다. 입시부터 취업까지 총괄 매니저 역할을 맡은 부모로선 시대의 난제에 부딪힌 자녀가 되돌아오는 현상을 반기기까지 한다. 귀소가 좋을뿐더러 힘 닿는 데까지 돕겠다는 의지도 크다. 결국 예전보다 더 오래 더 깊게 자녀의 삶에 개입하고, 그럴 수밖에 없는 요즘 부모가 전업자녀와 직결된다. 독립을 원하지만 간섭은 싫어하는 아들딸도 상호의존의 전업자녀를 선호한다. 특유의 내리사랑으로 부모 개입이 더 쉽게 정당화되는 와중에 자녀도 죄책감 없이 부모에게 의존하는 방식의 교환체계다. 겉으론 독립성인의 약화된 모델이지만, 실상은 상호타협의 신형 루트로 해석된다.

헬리콥터 부모 이후 기본능력 없는 '어른 아이' 등장

헬리콥터 부모가 자녀를 망친다는 우려도 적지 않다. 과잉보호가 자립심보다 자만심을 길러줄 수 있기 때문이다. 1983년 출산율이 인구대체선(2.1명) 밑으로 떨어진 지 40년이 지났다는 점에서, 안착된 저출생은 소수자녀의 보호의무 확대에 닿는다. 자녀 주변을 맴돌며 세상에 면역력 없는 존재로 전락시킨 부모의 집착이 만든 괴물이 될 수 있다는 경고가 잇따른다. 기본 능력조차 갖추지 못한 '어른 아이(Adult child)'를 우려하는 것이다.[4] 생물학적으로나 법적으로는 성인이지만 심리적, 생활적으로는 독립하지 않은 자녀, 중년이 됐는데도 쉬운 가사조차도 못 하는 자립능력이 부족한 자녀의 출현을 뜻한다. 최악은 부모가 자녀의 취업 확률조차 낮춘다는 점이다. '과잉의존＝독립허들'이다.

그만큼 아들딸을 둘러싼 부모의 감정은 다면적이고 양가적이다. 그것이 과연 힘인지 빚인지, 동서고금의 수많은 부모를 오랫동안 혼란에 빠트렸다. 경제학은 1970년대부터 이를 해결하고자 경제적 사고체계를 동원해 자녀효용을 분해했다. 가족이 가성비적인 경제범위로 들어온 것이

〈그림 1-4〉 자녀효용의 시대변화

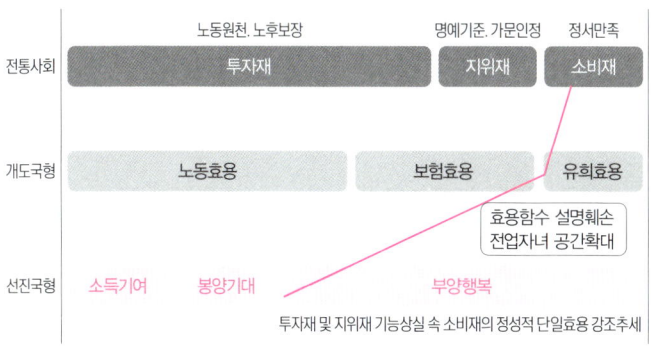

다. 라이벤슈타인(H. Leibenstein)은 자녀출산을 부모효용의 극대화 과정으로 봤다(자녀효용가설). 베커(G. Becker)는 자녀에게서 얻는 기쁨과 만족이 양육 비용을 웃돌 때 낳는다는 비용편익론을 제시했다. 지고지순한 애정을 돈으로 환산한다는 비판에도 불구, 비용편익의 직관적인 비교잣대를 동원해 자녀의 존재를 파헤쳤다는 점에서 최근의 한국사회처럼 불황 속 가성비적인 사고체계가 중시되는 때에는 꽤 설득력이 높다.

실제 자녀효용은 시대변화에 맞춰 달라진다. 전통사회에서 자녀의 1순위 존재 이유는 농경에 투입될 노동원천이자 노후보장의 보루였다(투자재). 그 뒤를 이어 명예기준이자 가문인정의 잣대로도 통용됐다(지위재). 무한한 사랑의 대상이라는 정서 만족은 상대적으로 적었다(소비재). 반면 자본주의에서는 성장수준별로 달라진다. 개도국은 제조기반의 노동효용이 크고, 부모 노후의 보험효용도 주요가치다. 유희효용은 전통사회의 소비재보다는 크지만, 자애(慈愛)적인 출산 선호는 여전히 낮다. 선진국형은 다르다. 소득 기여, 봉양 기대처럼 양적만족은 줄고 부양행복의 질적인 정성적 가치가 커진다. 생산재의 기능상실 속 소비재의 정성적인 단일효용의 부각이다. 전업자녀는 이 공간에서 파생한다. 정량적 자녀효용은 설명력이 훼손되는 반면, 일방적이고 무한대의 심리적 유희가치는 극대화된다(그림 1-4).

품어줄 때까지 품어줘도 모자란 게 내리사랑이거늘, 이를 과하다 탓할 수는 없는 노릇이다. 이는 지극히 당연하며 충분히 이해할 만하다. 전업자녀를 걱정되는 변칙사례가 아닌, 손이 좀 더 가는 변용 샘플로만 봐도 백안시는 줄어든다. 넓고 길어진 부모 역할이 애프터서비스(AS)[5]로 체화됐다고 보면 어떨까? 졸업, 결혼, 출산으로 성인 딱지를 붙여

줬지만, 현실은 여전히 직간접적인 부모 도움이 끝나지 않았으니 말이다. 스스로 챙겨왔던 성인자녀의 정신적, 정서적, 재정적인 부모 의존이 AS의 세부항목이라면 이는 지극히 일반적이다. 전업자녀 타이틀은 부인해도 실제로는 AS가 흘러넘친다. 자녀에 대한 부모의 금전지원, 손주양육, 가사지원은 복잡다단한 현실 이슈며 전업자녀도 그중 하나다. "평생의 AS"란 우스갯소리는 관계조율자이자 후방지원자라는 부모 역할이 존재하는 한 받아들일 수밖에 없다.

자녀는 투자재? 지위재? 소비재?… 90년대 여대생의 엄마화 주목

부모의 지원은 동일하지 않고 차별적이다. 전업자녀는 하고 싶다고 누구나 할 수 있는 선택 카드가 아니란 얘기다. 직관적인 추론으로는 당연히 부자 부모에 한정된 이슈다. 능력과 의지 둘 다 겸비한 일부 사례란 뜻이다. 게다가 수많은 부모는 여전히 전업자녀에 맞서고 있다. 부정론에 근거한 상당한 반발기류가 있다. 실제 조사결과를 보면 성인자녀에 대한 부모의 지원은 부정적이다. 결혼준비 및 이후 지원(경제지원, 손주육아)은 특히 청년세대의 부정론이 많다. 2010~2020년 분석자료를 보면 최근일수록, 교육수준이 높을수록, 여성일수록, 상용직일수록, 고연령일수록 자녀 지원에 부정적이다.[6] 지원의 필요성은 커지지만, 무리한 부모 지원형 독립 분가는 별로란 인식이다. 저성장으로 부모 자녀 모두 살기 빡빡해진 결과다. 안 받고 안 하겠다는 식이다. 결국 전업자녀는 자원 이전의 가능 범위에서 이뤄진다.

그런데도 전업자녀는 늘어날 전망이다. 향후 10~20년이면 유력 트렌드로 안착할 확률이 높다. 달라진 엄빠의 본격적인 등장이 이를 추동한다. 요컨대 중년 엄마가 된 '90년대 여대생'[7]의 경험과 생각 때문이다. 뒤에서 자세히 분석하지만, 90년대는 날카로운 기울기처럼 전후가 분단된 집중적이고 파격적인 변화기다. 다채롭고 독특하며 새롭게 바뀐 시대변화가 지배한 시기다. 공고했던 과거 질서와 가치판단이 한순간에 부딪히고 무너지며 설 땅을 잃었다. 대신 저항 논리로 무장한 반골 흐름이 시대표상으로 떠올라 신 패러다임의 탄생을 불렀다. 천지개벽기였다. 미래세대 DNA는 적응 속 진화를 택했다. 구질서와 결별한 그들만의 달라진 신

게임규칙을 일반화했다. 그 상징 그룹이 바로 X세대다. 취업, 결혼, 출산하지 않아도 괜찮다는 선진국형 엄마 출현이다. 당연시된 독립 분가는 시대 유물에 불과하다. 밖에서 위험하기보다 안에서 행복한 길을 과감히 제안한다.

전업자녀를 둘러싼 부모의 대응은 더 전략적이고 구체적이어야 좋다. 일례로 성인자녀와는 대결이 아닌 협력을 통한 '평행성장(Parallel Growth)'[8]이 필요하다. '권위적 부모 vs. 순종적 자녀'라는 전근대적인 경직 관계는 오래가지 못한다. 반대나 압박이 기본값인 연애 또는 결혼은 그 방식이 달라졌음을 인정하고 이해하는 게 먼저다. 책《50이면 육아가 끝날 줄 알았다》는 전업자녀의 컴백에 대응하는 팁으로 감정제어(자녀평가보다 상황파악), 명확한 지원조건(기간 및 방식 합의), 자율적인 책임부여(역할분담 및 독립준비), 재독립계획 수립(재출발 로드맵 및 자원연결), 부모의 삶 유지(자녀귀환의 부모생활 잠식방어) 등을 소개한다. 관계를 유지하되 독립을 유도하는 현실적인 조언이다. 전업자녀로 되돌아온 이유를 캐기보다 독립자녀로 다시 나가도록 시나리오를 마련하라는 메시지를 전달한다.

4.
선진국 자녀의 생존형 혁신도발

＊＊＊

미국의 유명 퀴즈방송 〈제파디(Jeopardy!)〉에 출연해 거액상금을 획득한 브렌든 리우(Brendan Riau, 27세). 정치학 석사학위자로 폭넓은 지식을 발휘해 5월(2025년) 콘테스트에서 우승했다. 새로운 청년 영웅 출현으로 세간의 관심을 받고 있지만, 단지 똑똑해서만은 아니다. 오히려 이목은 그의 배경에 쏠려 있다. 브렌든은 부모님과 살고 있는 무직자이기 때문이다. 자기 소개 문구도 '대학원을 졸업한 전업아들(Stay At Home Son)'로 부탁했다. "떨어져도 웃게라도 하자"는 취지였다는데 결국 이겼고, 동년배들은 열광했다. "그가 자신들의 꿈을 거의 실현하고 있어서"라는 대리만족이 그 이유다.[9] 미국의 수많은 젊은이가 꿈꾸는 일, 바야흐로 부모에게 얹혀사는 무직의 전업자녀가 떠오르는 시대다.

방송 출연 이후 그의 후속기사가 급증했다. 하나같이 우승 여부보다 전업자녀라는, 재미나되 뼈 있는 자기소개 문구에 집중한다. 똑똑한 무직임을 떳떳하게 밝히는 유머 감각에 꽂힌 분위기다. 실제 우승 이후 브렌든은 '집에서 일하는 아들'로 각종 매체에 연거푸 소개되었다.[10] 실업자보다는 낫지 않냐는 식의, 어렵지만 부끄럽지 않다는 특유의 청년 감성이 묻어난 코멘트가 주를 이룬다. 어처구니없는 자기소개로 외부편견과 낙인효과에 맞섰다는 평가다. 저성장으로 인한 취업난으로 비슷한 상황인 청년들이 공감할 수밖에 없는 에피소드다. 그렇다고 그가 마냥 노는 건 아니다. 취업 준비 중이며 미래를 위해 로스쿨에 지원했다고도 밝혔다.

유교엄빠라면 당최 이해할 수 없는 황당한 일이겠지만 엄연한 현실이다. 미국이라서 다행이다 싶은가? 한국이라고 다를까? 나는 직업상 20대와 접점이 많은데, 매년 달라지는 그들의 생경한 행동과 사고방식에 깜짝깜짝 놀란다. 우리가 잘 모를 뿐 그들은 엄청나게 바뀌고 변했다. 부모세대의 절대 진리였던 수평적 위계질서와 반드시 준수해야 할 독립 성인의 한몫(1인분화)은 이제 기대하기 어렵다. 한 연구 결과를 살펴보면, 성인이 된 후 경제적 자립을 하지 않아도 된다고 응답한 청년이 22%다. 성인이면 응당 이행해야 할 이행과업(경제독립, 주거독립, 결혼출산)을 거부하는 새로운 인식이다. 저학력, 저소득일수록 필요성이 더욱 낮다. 독립의 계기인 결혼 여부는 46%, 자녀 출산은 43%가 해도 좋고 안 해도 좋다는 쪽이다(한국보건사회연구원, 2024).[11]

청년 절반이 결혼, 출산을 '해도 그만 안 해도 그만'

부모에겐 필수였던 일들이 자녀에겐 선택이 됐다. 1인분화는 물론 세대교체의 결혼 및 출산이 당사자인 청년의 거부로 확인된다. '직업 = 전업자녀'를 농담처럼 받아들일 일은 아니다. 직업관이 변했을 뿐만 아니라 1인분화의 직업획득에 사활을 걸지도 않는다. 적어도 회사와 나를 운명공동체로 흡수하는 평생직장론은 더는 없다. 노력하지만, 힘들면 받아들인다. 어렵게 취업해도 자신과 맞지 않으면 미련 없이 그만둔다.

처음부터 그랬던 건 아니다. 한국 청년들은 선배세대 못잖게 치열하게 공부하고 맹렬하게 취업한다. 더 나은 일자리를 위해 고군분투 속 불철주야는 기본값이다. 이를 못 받아들이는 사회가 야속할 따름이다. 대학 서류엔 '5학년'까지 생겨났다. 졸업 지체 때문인데 단순한 휴학, 복학과는 무관한 장기취준 탓이다. 졸업을 유예하고 학적을 유지하면서 다음 단계를 준비하니 장수생이 흘러넘친다. 그들에게 직업을 물으면 '5학년 → 취준생 → 딸, 아들'로 자연스레 넘어간다. 직업란에 자녀라고 써 있어도 이상하지 않다. 예능방송도 거든다. 40세를 훌쩍 넘긴 자녀가 부모와 살며 집안일도 돕지 않고 기생하는 모습이 전파를 탄다. 부모가 여행이라도 가면 '비상사태'를 외치며 편의점 먹거리로 연명하는 웃지 못할 장면도 등장한다.

이는 한국만의 상황이 아니다. 사례를 더 살펴보자. 온라인 커뮤니티에 떠돌았다던 풍경이다. 한중일 청년이 한자리에 모였다. 먼저 일본 청년. "아까 인사드렸던 6년차 자택경비원입니다." 뒤이어 한국 청년이 인사한다. "만나서 영광입니다. 현직 4년차 갓수입니다." 마지막 중국 청년. "다들 집에서 시간 보내기 바쁠 텐데 나와줘 감사합니다. 5년차 전업자녀입니다." 뭔가 비즈니스라도 하는 듯한 묘사와 말투지만 실상은 자택경비원, 갓수(God + 백수), 전업자녀 모두 백수를 일컫는 표현이다.[12] 말끔한 정장 차림으로 건네는 당당한 인사지만, 다들 연차조차 무의미한 백수다. 직장은 집이요, 상사는 부모다.

"직업이 뭐죠?"… "5년차 전업자녀입니다"

부하를 못 이기는 상사, 가능한 다 해주려는 상사와 함께라면 최고의 직업이자 회사다. 똑똑해진 자녀 그룹은 그들을 최대한 활용하고 연합한다. 스스로 잘 살 수 있는 최선책이기 때문이다. 그렇다면 엄빠가 도와줘도 중요한 건 본인의 선택이다. 제아무리 시대가 엄혹해도 성인 자녀가 본능에 가까운 생애 이벤트(연애, 결혼, 출산 등)를 벗어나려는 결심은 당사자가 내리는 것이다. 엄연한 백수지만, 선진국 아들딸의 헤어질 결심 없는 달라진 생존 실험과 같다. 바람직한 자녀상은 불필요하다. 몸에 맞지 않는 옷처럼 갈등과 불편만 일으킬 따름이다. 전통은 계승 불능의 화두로 현실 생활의 걸림돌에 불과하다. 그나마 위 사례처럼 수면 위로 하나둘 등장하며 세를 확산해서 다행이랄까. 엄친아만큼 못친아(못난 엄마 친구 아들)도 많다. 존재하지만 감춰졌던 것이 드러났을 뿐이다.

청년 자녀의 미래 선택은 원래 하나였다. 생로병사처럼 특정 연령에 도달하면 가족분화가 당연한 경로였다. 절차이자 의무이며, 본능이고 필수였다. 상투를 틀고 자녀를 낳아 가족분화를 완성해야 비로소 어른이란 독립 존재로 인정 받았을 정도다. 절대다수가 부모와의 독립을 택했고 그래야만 했다. 한국도 불과 1세대 전까지 이런 전통질서를 수용한 독립자녀가 상식이고 원칙이었다. 2차적인 가족분화 속에서 사회질서는 유지되고 입신양명이 밀어올린 경제수준도 성장했다.

그러나 지금은 상황이 달라졌다. 성장은 힘들고 가치는 변

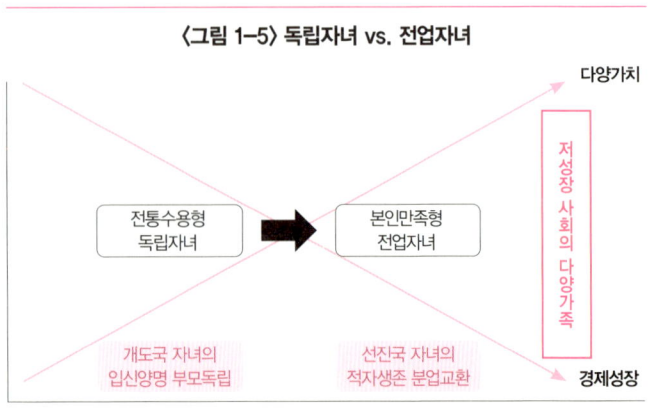

〈그림 1-5〉 독립자녀 vs. 전업자녀

전통수용형
독립자녀

본인만족형
전업자녀

개도국 자녀의
입신양명 부모독립

선진국 자녀의
적자생존 분업교환

다양가치

경제성장

저성장 사회의 다양가족

해서 전통수용형 독립자녀는 루트 폐쇄라는 심각한 변화에 직면했다. 먹고살 돈벌이는 별로인데 살아갈 가치관은 쪼개져 독립분화의 정합성이 훼손된 것이다. 요컨대 선진국에서 태어난 청년 자녀는 개도국 시기에 형성된 분화모형을 거부하고 포기한다. 차세대로의 가족분화를 원가족(부모형제)이 종용한들 그들보다 똑똑해진 자녀 본인의 독립 의지는 옅어졌다. 부모와 동거하는 전업자녀일 때 본인의 만족이 크기에 굳이 위험천만(?)한 분화 카드를 고려하지 않는다. 선진국 자녀답게 부모와 동거하며 적자생존을 위한 분업 교환이 합리적이라고 여긴다. 이로써 저성장사회의 다양한 가족 구성은 전업자녀의 등장과 함께 그 라인업을 늘려간다(그림 1 -5).

저성장의 미래불안 '어려운 독립보다 손쉬운 의존'

전업자녀의 출현은 손에 잡히는 미래를 위한 합리적인 의사결정의 결과다. 숨통을 찾아 나선 자연스런 경로란 의미다. 청년은 미래에 받을 혜택보다는 즉각적인 보상을 선호한다. 1년 후 110원보다 지금의 100원을 고른다. 시간이 경과하면서 보상의 심리적 가치가 줄기 때문이다. 이를 '시간 할인(Time Discounting)'이라고 한다. 문제는 저성장 등의 불확실성으로 인해, 갈수록 시간 할인이 커진다는 점(높은 할인율)[13]이다. 시간 할인율이 크면 먼 미래보다 가까운 현재를 중시한다. 크지만 지연되는 보상보다 작아도 즉각적인 보상을 선호하는 것이다. 꾸준한 운동을 통한 장기적 건강보다 당장의 휴식을 더 선호하는 식이다. 특히 불안하고 열위일수록 할인율은 커진다. 즉 본인의 능력이 나쁠수록 미래 보상을 저평가하고, 빈곤해도 단기 혜택을 선택한다. 청년 박탈감이 심화되는 최근의 한국 상황과 일맥상통한다. 그래서 미래 보상은 평가절하된다.

어쩔 수 없다 해도 방치하기는 불안하다. 과도한 시간 할인을 경고한 행동경제학에선 이를 비합리적인 의사결정으로 본다. 전업자녀가 눈앞의 100원이 아닌 미래의 110원을 고르도록 제도장치를 완비할 때다. 더 나은 미래를 위해 움직이도록 향상심을 발휘할 기반을 조성해야 한다.

부모는 자녀를 잘 모른다. 지금만큼 이해 불능의 시대가 있었을까 싶을 만큼 급변한 시대전환이 한몫했다. 아쉽게도, 자녀를 잘 안다는 부모는 많은데 부모가 나를 잘 이해한다는 자녀는 적다. 자녀와의 원활한 대화와 소통에 안심한들 이를 양적 지표로 해석하면 곤란하다. 언어와 문법이 달라진 자녀세대와는 방법론과 질적 접근이 전제되어야 진정한 이해와 공감이 가능하기 때문이다. 질타형의 조언이 대화가 아니듯 일방적인 질문도 소통은 아니다. 단순한 시간 공유뿐 아니라 진정한 관심과 공감을 이루려면 정성과 기술이 필수다.

5.
다양하고 가속화될 신 트렌드 가족실험

* * *

한때 성공했지만 이혼 후 생활난으로 노모에게 컴백한 둘째 아들, 그와 사사건건 부딪히는 독립에 실패한 장남과 3번의 결혼 그리고 이혼 후 아들과 함께 돌아온 막내 여동생. 결국 중년 자녀들과의 재동거라는 극한 상황을 한 지붕 아래의 다양한 사건사고로 엮어냈다. 가장 중요한 인물은 칠순을 이미 넘겼지만 강한 생활력으로 3남매를 챙기는 노모다. 사실상 아들 형제는 노모의 지원 없이 일상생활이 어렵다. 외부의 위기상황을 감싸며 가족이라는 힘으로 극복한다는 이야기답게 웃음과 눈물이 공존한다는 평이다.

영화로도 방영된 천명관의 소설 《고령화 가족》의 줄거리다. 부모에게 되돌아온 삼남매를 통해 가족의 의미와 관계를 그렸다. 뜯어보면 부정적인 캥거루족과 긍정적인 전업자녀가 섞인 형태다. 두 아들은 전자, 딸은 후자에 가깝다. 공통분모는 가족분화를 통한 독립 불가. 그래서 노모 집으로 돌아온 3남매의 이야기는 각자 삶을 정리하며 집을 떠날 준비에서 끝난다. 경제적, 물리적 분리가 전제되기에 떠나야 비로소 끝난다는, 전형적인 가족분화의 접근이다. 끝까지 다함께를 좇는 전업자녀와는 차이가 있다. 참고로 이 소설은 2013년 작품이다. 당시는 웃고 봤겠지만 지금은 사뭇 진지하다. 허구가 아닌 현실인 까닭이다. 전업자녀는 십수년 전에 이미 트렌드의 낌새와 조건을 갖춘 셈이다.

전업자녀로 골머리를 썩일 가정이 적잖다. 정도의 차이만 있을 뿐 누구든 어디든 전업자녀는 존재하고 생활한다. 학령기는 둘째치고 졸업 이후 사회 데뷔에 이르면 예외 없이 부딪히고 아파하며 그다음의 라이프사이클을 노크한다. 예전엔 큰 좌절 없이 자연스레 통과할 수 있었던 관문이 지금은 거칠고 사납게 막아서며 의지를 꺾어버린다. 회사든 집이든 무난하고 바람직한 업(業)의 전환이 힘들어진 탓이다.

1인분의 독립 인생을 위한 돈벌이와 가족구성을 위한 결혼 및 출산이·지난해질수록, 일찍이 끝났음직한 전업자녀의 정합성은 더욱 확대되고 강화된다. 그간 대학 졸업과 함께 마침표를 찍었던 전업자녀의 신분기한이 30대를 넘어 평생에까지 연장되지 않을까 추측될 정도다. 험난한 시절 부모자녀 모두 한정자원을 두고 더 잘 살아내려는 방어기제로 전업자녀의 선택지가 선호된 결과다. 독립 완료 후 '전업자녀 종료선언'이 되레 희귀해질 만큼 시대 상황은 엄청나게 급변했다.

"직업이 아들딸"… 이대로면 한국사회 메가트렌드?

전업자녀의 출현은 생각보다 빠르다. 2010년대부터 경제활동이 없는 성인 자녀가 스스로 비하하듯 덧붙인 수식어가 전업자녀였는데, 갈수록 '직업이 아들딸'이란 짤과 밈이 여기저기 퍼져간다. 취업난, 주거난으로 인한 청년 우울의 심화는 전업자녀라는 주장과 공감을 확산시킨 일종의 착화제였다. 프로필 직업란에 딸, 아들이라고 적는 영상과 댓글이 유행처럼 퍼지며 종국엔 시대현상의 사회담론으로 떠올랐다. 처음엔 단순한 자조나 한탄의 유머였다면 지금은 시대비판과 체제한계의 상징으로 비화한 분위기다. 중국에서 시작된 이 단어는 이젠 세계 공용어가 아닐까 싶다.

전업자녀의 양산은 새로운 글로벌 트렌드라 볼 수 있다. 집을 떠나지 않거나 되돌아온 자녀세대가 선진국에서도 유력한 풍경으로 손꼽힌다. 원래 선진국은 자녀가 성인이 되면 거의 강제로 독립시키는 문화가 권장됐다고 한다. 그 조류가 최근 변했다. 부모와 20대 자녀의 동거비율이 1960년대 29%에서 2020년 52%를 넘었다(Pew Research Center).[14] 50%를 넘어선 건 1940년대 이후 처음이다. 극심해진 경쟁에서 우위를 확보하려는 동기를 그 원인으로 추정한다. 성인이 되어도 지속적으로 부모의 지원을 받으면, 양극화된 고용환경에서 좋은 일자리를 얻기 유리하다고 보는 것이다. 그래서 중산층 이상에선 독립한 성인 자녀를 사실상 방치로 해석한다고 본다. 엄중해진 후속세대의 경쟁환경이 서구조차 홀대했던 동양의 가족주의에 물들게 한 것이다. K드라마의 정서 공유라는 또 다른 측면의 해석도 있다. 가족연대를 통한 위기극복형의 독립 지연, 분가 포기는 비단 한국만의 상황은 아닌 듯하다.

실제로 서구 선진국은 만 18세 전후의 고교 졸업을 자녀독립의 분기점으로 여긴다. 자녀독립을 필수절차로 보기에 어떤 이유든 계속 같이 사는 건 예외사례로 규정된다. 경제발전 속 대학진학률이 높아지고 사회이동이 활발해지며 자녀독립은 일반화됐다. 그 결과는 50~64세 부모의 60%가 자녀독립을 완료한 것으로 나타난다(2022 미국인구조사국). 오죽하면 '빈 둥지(Empty Nest)' 증후군이라는 단어까지 있을까. 자녀의 독립 후 부부가 집을 줄이거나 여행을 다니는 등 라이프스타일을 바꾸는 현상을 말한다. 물론 자녀의 부재로 인한 우울감과 공허함 등의 심리적 타격도 포함한다.

30년 장기적, 복합적인 불황의 일본은 더 심하다. 일본은 부자부모와 빈곤자녀가 공존하는 극단적 분리사회에 가깝다. '유유자적의 연금생활 vs. 보험부담의 청년좌절'이 맞부딪힌다. '현재부모 = 최후부자'와 '현재자녀 = 최초빈곤'이 전 생애를 지배한다. 갈수록 세대격차가 커진다면 1인분의 분화독립은 마뜩찮다. 이 위협적인 파장력에 긴장한 일본 정부는 자녀 빈곤을 개인의 문제를 넘어 국가 위기, 구조적 한계의 사회문제로 접근하고 있다. 조사결과는 더욱 충격적이다. 상대적 빈곤에 물질 결핍까지 아우르면 일본 자녀의 빈곤 수준은 OECD 상위권이며 7명 중 1명이 아동 빈곤으로 추정된다.[15] 노동시장 불안정, 미비한 복지제도, 교육비 급상승, 사회적 책임회피 같은 복합적 원인은 하나같이 한국의 청년 빈곤과 정확히 일치하는 악재다. 그렇다면 자녀 빈곤은 사회 시스템의 복합적 실패로 귀결된다. 전업자녀의 출현은 한국사회의 위험을 선제적으로 알려주는 유력징후란 얘기다.

청년의 욕망을 못 채우는 공급부족 '쪼그라든 도넛 경제'

전업자녀는 확대일로로 가속화할 신 트렌드 중 하나다. 구조압박은 거세지고 사회의 시선은 달라지며 전업자녀를 흡수한다. 독립자녀만큼 확보지분이 크진 않지만, 또 하나의 강력한 가족 형태로 남을 건 명확하다. 외부적, 구조적인 환경 자체가 독립자녀를 억제하고 전업자녀를 양산하는 형태로 재구성된 결과다. 결국 신시대의 구조압박은 독립하지 못하고 부모와 동거하는 전업자녀로 귀결된다. 극단적 예외 사례라기엔 생존환경의 절대적 악화가 극명하며, 이는 한국만의 특이현상도 아니다. 전 지구적인 동반징후가 짙다. 원래의 독립경로인 '취업 → 결혼 → 분가'가 막혀버렸기 때문이다.

도넛 경제학(Doughnut Economics)을 빌려와 분석해보자. 사회적 기초조건과 생태계의 공급한계가 최적인 상태를 도넛으로 비유한 모델이다. 지속 가능한 사회를 위한 시각적인 프레임워크로 유명하다. 밖을 좇는 인간 욕망과 안을 향한 공급 부족을 줄여 균형적인 도넛 경제를 만들자는 취지다. 이를 전업자녀로 투영하면 독립분화를 막는 과잉변수, 즉 외부의 상황 압박은 고학력화, 저성장화, 가치다양성, 복지불안 등이 있다. 반면 생활 유지의 최저선인 내부는 늘 부족한 상태로 취업, 임금, 주거, 의료 등이 여기에 해당한다. 즉 전업자녀를 유도하는 기제다. 결국 독립분화를 막는 외부환경은 과잉인데, 전업자녀를 낳는 기초공급은 과소인지

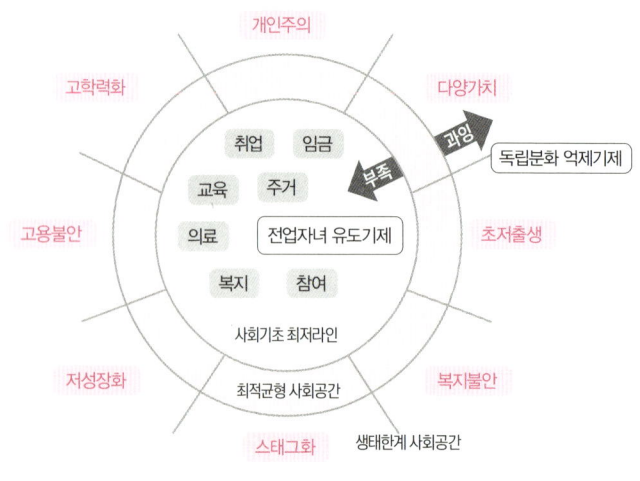

〈그림 1-6〉 전업자녀의 도넛경제학

개인주의

고학력화　　　　　　　　　　　　다양가치

과잉

취업　임금

교육　주거　　독립분화 억제기제

고용불안　　의료　전업자녀 유도기제　　초저출생

부족

복지　참여

사회기초 최저라인

저성장화　　최적균형 사회공간　　복지불안

스태그화　　생태한계 사회공간

라 가족분화의 전통균형(도넛 면적)을 유지하기 어렵다. 도넛의 안팎을 향하는 과잉과 과소를 관리해 최적 균형의 사회공간을 지켜내는 것이 관건이다. 문제는 그나마의 도넛 면적조차 유지하기 어렵다는 점이다. 원심력과 구심력 둘 다 극단을 향하고 있기 때문이다(그림 1-6).

그렇다면 뚜렷한 상황개선이 없는 한 전업자녀는 계속 증가할 수밖에 없다. 독립분화의 억제 기제와 전업자녀의 유도 기제가 이를 뒷받침한다. 이쯤에서 자연스레 떠오르는 이슈는 이것이다. "존재가 직업이던 과거 사례는 없는가?" 당연히 있다. 전업주부다. 사실상 전업주부를 보완하고 대체하는 현상이 전업자녀라 봐도 무방하다. 전업주부의 감소와 전업자녀의 증가는 경향성을 갖기 때문이다. 이를 살펴보자면 먼저 전업(專業)이란 개념과 역사로 거슬러 올라간다. 전통사회에서 남녀역할은 뭉뚱그려 실행됐다. 가족 단위 생산체계에서 전업이란 부재했다. 즉 농경사회에서 남녀노소는 정도껏 함께 일하며 집 안팎의 공통역할에 집중했다. 특정 시간 집단노동이 전제된 산업혁명이 시작되면서부터 남성 전업, 여성 가사의 역할 모델이 본격적으로 구분되었다.

특히 산업화 물결 덕분에 단일한 생계부양자(주로 남성)는 중산층의 이상적인 가족상으로 확산된다. 남성이 돈을 벌러 나가면 여성이 가사와 양육을 전담한다. 이는 고도성장과 기업복지 등 남성의 임금만으로 가족의 생계 유지가 가능할 때까지 일반화된다. 즉 예전에는 집에서 모든 경제활동이 이뤄졌지만 시간이 지날수록 생산과 소비, 육아가 공간적으로 분리하며 각자 한쪽을 전담하는 성징 역할을 맡게 된 것이다. 가사는 경제활동으로 인정받지 못해 장기간 비임금노동의 영역에 머물렀다. 이를 계기로 '남자는 밖, 여자는 집'이라는 분업구조가 이상형으로 고착된다. 전업주부의 탄생 경로다.

전업주부의 보완, 대체로 등장한 전업자녀 '평생직업화?'

반면 최근 전업주부는 확연히 감소했다. 고학력화와 남녀고용 차별금지 등으로 여성의 사회진입이 늘면서 전업주부의 설명력이 퇴색했다. 무엇보다 고성장이 끝나고 수축경제로 진입하면서 남성의 외벌이만으로는 생계유지가 어려워졌다. 맞벌이조차 빠듯할 정도로 소득확보가 힘들어지자 전업주부의 정합성은 급감했다. 한국은 외환위기 이후 경기침체 속 맞벌이 비중증가와 전업주부 감소추세가 반비례했다. 최근 들어 전업주부는 갈수록 줄고 있다. 가계보조형의 비정규직을 중심으로 여성 취업이 증가하며, 전업주부는 일부에서만 겨우 유지되는 부분 모델로 전락했다.

전업자녀도 비슷하다. 주부에 전업이 붙듯 자녀가 전업

이 된 형태다. 당연하게도 주부가 주부였듯 자녀도 자녀였을 뿐이다. 그런데도 전업자녀가 한번 회자되니 급속히 판세가 커지는 모습이다. 원래 자녀는 독립 이후 2차 가족을 분화해 스스로 부모가 되기 전까지 주어진 고유 역할이다. 그러니 별도의 생계수단이 없고 전적으로 부모에게 의존하는 15세 이상 20세 이하의 미성년자 자녀는 모두 전업자녀일 수밖에 없다. 이후 부모 의존이 약화되고 독립 성향이 강화될수록 전업자녀에서 부업자녀(≒전업부모)로 전환한다. 전업자녀 다음은 전업부모로 변신한 자녀답게, 해당 역할도 '부모에게서 받는 부양자녀에서 부모를 모시는 봉양자녀'로 바뀐다. 이는 우리에게 익숙하고 상식적인 패턴이다.

문제는 그 다음부터다. 전업자녀를 끝내고 전업부모가 되든 부업자녀가 되든 가족분화 후 신분전환이 연기 또는 중지된 경우다. 예전엔 소수였기에 큰 관심이 없었다면 지금은 장기화된 전업자녀를 떠올릴 정도로 그 확산세가 매섭다.

정리하면 출생 이후 연령과 인생 경로에 맞춘 '전업자녀 → 독립분가 → 가족결성 → 전업부모'의 전환단계를 걷지 않는 새로운 흐름이 늘어났다. 그 결과 길어야 20~30세에 끝내야 할 전업자녀의 유통기한이 인생 전체에 걸쳐 가동될 개연성이 커졌다. 전업자녀로 태어나, 전업자녀로 살면서, 전업자녀로 생을 마칠 평생 직업으로서 전업자녀가 떠오른다. 해당 업무, 존재 역할의 유일직업을 전업(專業)으로 본다면 본업을 넘어 가계특수적 인적자본으로서의 전문직화(?)까지 시도되지 않을까 싶다. 오직 가사라는 부모의 특정 업무를 부업이나 희생(봉사)이 아닌 전업으로 삼아 먹고사는데 염려가 없다면 평생 전업자녀로 손색이 없다.

전업자녀에 '왜'란 수식어는 불필요하다. 누구나 다 아는, 그럴 수밖에 없는 현상이다. 반짝 유행일 수도 없으니 (정의 여하에 따라 달라지나) 메가트렌드로 수용해야 옳다. 더구나 생존을 위한 이런 합종연횡이 한국뿐 아니라 전 지구적인 공통현상이면 더더욱 관리하고 활용해 가성비를 높여야 한다. 당연히 갈등도 우려된다. 아래 사례를 보자.

***

2018년 미국의 마크 로톤도 부부는 아들 마이클 로톤도에 소송을 제기했다. 22세 때 해고된 후 8년간 아무것도 하지 않고 집에 눌러앉았다는 이유다. 소송 목적은 아들을 집에서 내쫓는 것이다. 아들도 가만히 있지는 않아서 더 패륜적인 현상으로 두고두고 기록된다. 세입자 퇴거논리까지 동원하며 순순히 물러설 수 없다는 아들의 궤변에 법정이 어이가 없어 했다고. 특히 부모가 이사비용까지 내줬지만 아들은 물러서지 않았다고 한다. 법원은 자녀독립에 대한 부모권리를 인정하는 승소판결을 내렸다.[16]

군이 이렇게까지 갈 일은 아니다. 시대변화에 맞춘 혁신적인 접근이 필요하다. 커질 걸 생각해 넉넉히 맞춘 옷도 성장이 멈추고 체격이 줄면 수선해 입는 편이 좋다. 상황변화를 반영해 '옷 = 몸'을 맞춰야 모양새도 살아나는 법이다. 전업자녀는 시대변화가 불러온 축소 체격에 안성맞춤일 수 있는 신가족유형 중 하나다. 더는 기능하지 않는 고성장기 가족분화의 질서구조에만 목매달기보다는 저성장에 맞춘 뉴노멀형의 신시스템으로 전환하는 게 낫다. 달라진 현실 인식과 냉엄한 상황 수용이 절실하다.

2장

전업자녀는 누구인가?

1.
전업자녀 현황보고서 '그들은 누구?'

＊＊＊

중국 상하이의 리(42) 씨. 월급 2만 위안(±358만 원)을 받던 직
장인이었는데 어머니가 큰병을 얻자 휴가를 내고 간병을 시작
했다. 완치 이후 아예 직장을 관두고 부모돌봄을 선언, 삼시세끼
와 청소 및 빨래를 전담한다. 저녁엔 부모와 반려견과 산책, 남
는 시간은 주식투자나 운동 등을 한다. 부모는 퇴직 후 받는 월
1만 1,000위안(±196만 원)의 퇴직연금 중 5,500위안(±98만
원)을 아들에게 수당으로 지급한다. 얹혀사니 생활비가 안 들어
돈도 모은다. 아들이 미혼이라 조금 걱정이긴 하지만 독신 생활
도 나쁘지 않고 아들이 돌봐주니 좋다는 입장이다.

* * *

녠안(41) 씨는 15년간 기자로 일한 전문직 여성이다. 24시간 긴장해야 하는 생활에 지쳐 이직을 고려했는데, 부모가 먼저 전업자녀를 제안했다. 부모를 돌봐주면 월 1만 위안(±179만 원)의 퇴직연금 중에서 40%(4,000위안, ±72만 원)를 월급으로 주겠다며 말이다. 수락 후 본가에 살며 부모와의 동거에 들어갔다. 월 1~2회 가족여행도 업무 중 하나. 부모는 딸이 스트레스로 몸을 축내는 것보다 더 좋은 일자리를 찾을 때까지 함께할 계획이다.[17]

* * *

텐진의 소규모업체에서 일하던 쩡위팅(25) 씨는 코로나19로 인해 어렵게 들어간 회사에서 구조조정을 당했다. 상황이 막막했지만 아버지가 월 5,000위안(±87만 원)을 준다고 해서 본가로 돌아와 집안일을 한다. 부모의 요구로 공무원 시험공부를 병행하고 있지만 사실은 어릴 적 꿈인 소설가가 되고 싶다. 사회적 역할이 사라졌기에 가족의 역할로 되돌아간 것뿐이란 입장이다. 부모로서도 그만한 경제적 여유가 있어 자녀와 함께하고픈 마음과 유연한 취업기회를 제공한 것으로 보인다.[18]

전업자녀의 출처는 중국이다. 부모에게 경제적으로 의존하는 2030세대를 '전업자녀(全職兒女, 취안즈얼뉘, Full time children)'로 부른 게 기원이다. 정확한 정의는 없지만, 독립 후 경제 등의 이유로 부모에게 돌아온 자녀 그룹을 말한다. 돌아온 캥거루족이라는 의미로 '리터루족(리턴＋캥거루족)'이라고도 한다. 2024년 신조어인데도 벌써 누구나 알 만큼 확산됐다. 공감과 공유가 크다는 얘기다.

기사를 종합하면 중국의 전업자녀는 월 72만~100만 원을 받는다. 도시 근로자 월평균 임금이 ±100만 원이니 상당한 액수다. 간단한 가사업무를 맡고 용돈을 받는 성인자녀가 1,600만 명에 달한다는 통계(WSJ)도 있다. 16~25세가 1억 5,000만 명이면 11% 수준이니 적잖은 수치다. 20%대의 청년실업률이 주원인이다. 대학 졸업식에서 강시처럼 죽은 시늉을 한 학생들의 사진이 유행했을 정도다. 2023년 청년실업률 월간발표를 아예 중단했을 만큼, 실제는 40%대란 분석도 힘을 얻는다.

2024년 중국기원 신조어 '등판 1년 만에 공감확산'

이후 전업자녀의 개념 정의는 부모 슬하로의 컴백을 넘어 '직업 없이 부모 용돈으로 사는 자녀'[19]로 확대된다. 즉 무직업이 전제다. 과도한 취업 경쟁이 전업자녀를 양산하고, 불황과 실업이 가족분화를 방해한다는 시선이다. 물론 완벽한 설명은 아니다. 무한경쟁, 적자생존이면 전업자녀로 살기란 제한적이다. 아등바등 눈물겨운 생활 분투기가 더 맞는 표현일 것이다. 이때 부모자원이 등판한다. 자산을 축적해 여유를 지닌 부모가 무직인 자녀를 품어 안는다. 정글 같은 바깥에 아들딸을 내놓고 걱정하기보다 상속 및 증여까지 감안해 전업자녀의 뒷배를 타진하는 형태다. 자녀 본인의 인식 변화도 뺄 수 없다. 아등바등 살아본들 별것 없으니 힘겨운 전진보다 편안한 잔류를 택한다. 기생의 의미가 큰 캥거루족은 스스로 불편해하지만, 최소한 집안일을 하는 전업자녀는 대놓고 당당하다. 조건만 되면 전업자녀가 될 의향이 있다는 중국 청년도 적잖고, 시류에 민감한 당국도 통제보다 방관하는 편이다.[20] 일시적인 유행이지 계속되진 않으리라는 입장인 것이다.[21]

중국이 상표권을 가졌는지 몰라도 학계에선 일찍부터 전업자녀의 취지와 개념을 지닌 가족분화에 주목했다. 세대 간 전통적인 독립분화와 맞선 닮은꼴의 특이경로가 왕왕 등장했다. 대표적인 개념으로 '주변인(Marginal man)'이 있다. 사회학에서 유명한 이 용어는, 상이한 문화와 집단의 양가적 갈등 속에서 정체성을 잃고 경계에 선 경우를 가리킨다.

독립하지 못한 의존자녀도 주변인 중 하나다. 아동도 성인도 아닌 경계적 주변 존재로 분류된다. 청년기 사회화로 독립이라는 시공을 형성해야 하는데 지체되면 정체성을 잃는다고 여긴다. 일종의 연체된 청년기로 성인이행기(Emerging adulthood)[22]의 과도기적 독립지연을 뜻한다. 이후 미독립 성인자녀에 관한 연구가 본격화되어 청년층의 사회 경제적 독립지연과 관련한 사회학, 심리학, 경제학 등 다양한 분야에서 이루어진다. 이로써 포스트모더니즘은 가족을 고정되기보다 다원적, 개인적인 선택결과가 반영된 유동적인 관계로 본다.

전업자녀의 등장은 기존의 가족생활주기(Family lifecycle)론에 맞선 상징적 현상이다. 가족분화의 기초이론으로 결

〈표 2-1〉 출생코호트별 35세 시점의 성인과업 이행비율(단위:%)

과업구분	전국			서울 및 수도권		
	1971 ~75년생	1976 ~80년생	1981 ~86년생	1971 ~75년생	1976 ~80년생	1981 ~86년생
대학졸업	44.3	65.5	70.8	45.9	66.3	73.2
안정적 일	52.0	51.6	56.3	51.5	50.1	54.2
부모동거	18.6	26.2	32.1	22.8	29.2	41.1
결혼	85.4	73.9	61.9	81.1	70.9	51.2
자녀 있음	78.0	63.3	47.8	72.3	59.5	36.0

변금선 외(2024), p.79

혼, 출산, 독립, 노년 등 가족경험의 변화단계를 설명한다. 각 단계는 과업과 위기를 동반하며, 특히 자녀의 독립은 가족생활주기의 중대한 전환점이다. 전업자녀는 한가운데인 '청소년화 → 자녀독립'의 지체 또는 포기가 낳은 가족생활주기의 과업위기를 뜻한다.[23] 가족발달을 변화초점으로 바라본 6단계[24] 생애 뉴스로 봐도 전업자녀는 기존질서에 맞선 파격가족으로 설명된다. 그 결과 전업자녀의 등판은 가족 전체에 영향을 미치며 새롭게 균형을 모색하는 조정과정을 요구한다. 가족이라는, 연결된 구성원인 까닭이다. 즉 전통가족의 의사결정과 이해조정을 바꾼다. 자녀가 독립을 포기하고 되돌아오거나 집에 남으면, 전업자녀 이후 부모만의 노후 미션이던 '빈 둥지 새 단장'은 멈춘다.

예고된 등판의 전업자녀 '35세에 멈춰선 어른의 길'

이렇듯 전업자녀는 느닷없는 돌발현상이 아니다. 흔들리는 가족주기가 뼛속 깊이 감춰둔 DNA를 시대변화가 소환한, 예정된 등판일 수 있다. 중국이 불을 지폈을 뿐 서구 가족학이 예언한 경로에 따라 흡수, 확장된 신현상에 가깝다. 오히려 제반 환경을 보면 중국보다 한국에 유력한 메가트렌드로 안착할 수도 있다.

그 낌새는 자욱하고 확연하다. 전업자녀에 근접한 캥거루족만 봐도 확인된다. 졸업 이후 취업과 무관하게 부모에 의존하는 자녀를 캥거루족으로 보면 한국은 뚜렷한 증가세를 나타낸다. 2012~2020년간 25~34세 자녀의 경우 62.8%에서 66.0%로 늘었다. 늦은 취업과 만혼, 비혼 탓에 25~29세(±80%)는 물론 30~34세(±50%)도 절반이 캥거루족이다. 남성, 미혼, 수도권, 미취업, 부모지원 등의 확률이 높을수록 숫자는 많아진다.[25] 적어도 '±30세 = 캥거루족'은 부인하기 어렵다.

문제는 고령화다. 고령화된 캥거루는 전업자녀의 본격화와 맞닿는다. 결국 전업자녀가 늘어난다는 의미다. 이를 뒷받침하는 조사 결과가 있다. 캥거루족 확산 현상을 잘 보여주는 보고서로 연령별 3대 인구집단의 35세 시점에 부모와의 동거 여부를 분석한 연구다.[26] 35세는 공히 대학을 졸업하고 취업, 독립을 완료한 기준연령이다. 35세의 성인과업 이행비율은 만만찮다. 50% 이행비율을 보면 어릴수록 대학 졸업은 많고 안정직장도 좀 늘었지만, 부모동거는 더 많고 결혼은 안 했으며 자녀도 없는 걸로 나온다. 특히 서울과 수도권은 어른(성인)의 5대 인생관문 모두 전국 평균보다 열악한 수치다. 학력이 좋아도 부모와 함께 산다는 뜻이다. 5대 성인과업별 50% 달성연령으로 시대를 비교(1986년 vs. 2023년)해 보면 다음과 같다. 졸업(22세→24세), 취업(21세→24세), 분가(27세→31세), 결혼(26세→33세), 출산(28세→34세) 등 예외 없이 길어진다. 한 세대(37년) 만에 어른으로의 길이 짧게는 2년, 길게는 7년 멀어진 것이다. 엄중한 시대변화를 반영한 결과다.

유직, 4050세대에서 고학력, 별거인 전업자녀까지로 확대 패턴

그나마 캥거루족에 준용해 전업자녀의 가능성을 타진한 내용이다. 실질적인 취지와 특징을 내표한 잠재적인 전업자녀까지 포함하면 자녀독립이라는 난관은 한층 일반적이고 본격적일 확률이 높다. 좀 과장하면 자녀 그룹 상당수가 전업자녀에 들어섰거나 잠재후보로 봐도 무방하다. 최소조건인 부모 의존 없는 독립자녀는 제한적인 까닭이다. 어떤 식이든 부모지원이 동반되고, 그중 일부는 중국처럼 부모와 동거하는 본가 귀환에 불과하기 때문이다. 따라서 거듭 강조하지만, 이왕 본격화된 현상이고 계속될 트렌드면 세분화된 정의와 개념을 통해 제도화 또는 정책화의 공간으로 흡수해 활용하는 게 바람직하다.

아쉽게도 전업자녀는 단일 잣대로 측정하거나 동일 범주로 명확히 분해할 수 없다. 배경, 환경, 속내, 의지가 각기 다른 십인십색의 자녀 군상 중 하나이기 때문이다. 몇몇 기준조차 불분명하고 작위적일 수밖에 없다. 훗날 정책 대상으로 품는다면 복잡다단한 이 현상에 관한 범주 및 정의는 필수일 텐데, 이를 수용하고 구분하기는 무척 까다로울 전망이다. 캥거루족이나 폐쇄은둔족은 상황이 그나마 낫다. 꽤 시간이 지나서 설득적인 통계 면모를 갖춰나가고 있다. 전업자녀도 이제야 관찰되고 분석되면서 얼개를 채워나가고 있지만, 광의의 잠재적 파워를 보건대 유력모델로 안착할 상황 조건을 이미 갖췄다. 초저출생 속 1인화가 대세모델이듯 전업자녀의 존재 이유와 파급 영향이 상당 수준이기 때문이다. 완벽하진 않아도 전업자녀의 유형 분석과 패턴 분해는 그래서 꼭 필요하다.

조심스럽지만, 한국형 전업자녀의 기준 범주는 4가지로 압축된다. 신가족 유형인만큼 당사자인 전업자녀에 초점을 둔 유형 분해다. 특히 문제시하거나 부정론에 함몰되지 않는 중립적, 중도적인 접근이 필수이기에 최대한 무미건조한 균형감각을 중시했다. 직업, 연령, 학력, 주거 등 4대 프리즘에 세부적인 비교 잣대를 더했다. 정리하면 전업자녀는 직업(무직 vs. 유직), 연령(2030 vs. 4050), 학력(저학력 vs. 고학력), 주거(동거 vs. 별거)로 구분할 수 있다. 한 명의 전업자녀를 최대 16가지 세부 유형으로 나눈다는 얘기다. $2^4 (2 \times 2 \times 2 \times 2)$인 셈. 따라서 가족과 사회의 걱정거리인 폐쇄은둔족처럼

〈그림 2-1〉 전업자녀 유형별 해부도

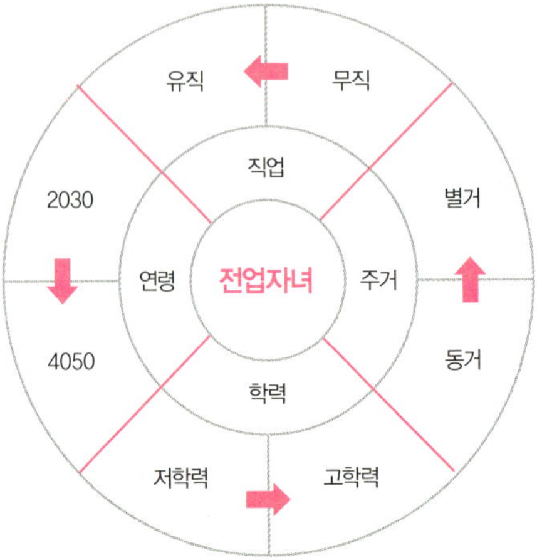

'무직×2030×저학력×동거'의 최악 사례(?)는 개중 한 유형에 불과하다. 정반대로 '유직×4050×고학력×별거'인 전업자녀도 마찬가지다(그림 2-1).

결국 전업자녀의 대다수 범용 패턴은 여전히 무직의 2030세대에 저학력이며 동거인 경우로 한정해서 보는 시선이 일반적이다. 반대로 번듯한 직업이 있는 4050세대에 고학력인 별거자녀도 전업자녀가 아니라고 확정할 수는 없다. 직업유무를 뜻하는 유직과 무직만으로 전업자녀 여부와 가능성을 판단하기엔 상황이 복잡해진 것이다. 직업이란 게 과거와 달리 평생 지속되지 않을뿐더러 불안정성이 높아 언제든 무직이나 무업으로 바뀔 수 있으며, 그렇다면 적든 많든 부모 의존이 불가피해진다. 이동방향을 보건대 앞으로는 이쪽으로 꽤 늘어날 전업자녀 패턴이다. 전업자녀에 주목해야 할 또 다른 이유가 '무직 → 유직', '2030 → 4050', '저학력 → 고학력', '동거 → 별거'로의 패턴 이동에 있다는 얘기다. 겉보기에는 독립자녀 같지만 내용상 전업자녀인 신유형이 적잖아서다. 통계조차 없지만 있어도 안 잡히는, 지극히 중요하지만 누구도 모르는 실체적, 실질적인 전업자녀를 알아야 한다. 거대 흐름인 이 현상을 놓친다면 득보다 실이 많을 것이다.

2.
전업자녀의 세부경로와 유형추출

전업자녀의 최소치는 부모와의 동거, 최대치는 독립 분가까지 아우른다. 그렇다면 누구든 전업자녀 당사자 또는 예비군이라 해도 과언은 아니다. 비중과 정도 수준의 차이가 있을 뿐 사실상 누구든 부모에게 의존하고 역할을 분담한다면 넓은 의미의 전업자녀란 얘기다. 즉 누구에게든 해당되는 파급력과 당사자성을 지닌 이슈다. 그렇기 때문에 이들을 사회문제가 아닌 활용엔진으로 삼을 수 있도록 제도를 전환해야만 한다. 최소한 기존질서에 맞섰다고 존재감을 숨기려 하거나 가족분화를 버렸다는 이유로 역차별을 해서는 곤란하다. 선제적, 미시적인 제도화로 연착륙과 에너지가 되게끔 접근할 때다.

설득은 과학적이어야 먹혀든다. 숫자로 증빙하면 더욱 설득하기 쉽다. 즉 전업자녀의 증가세를 확인해야 연쇄파장과 대응필요도 확장된다. 어떤 식이든 현존통계로 전업자녀를 밝혀내는 일이 먼저다. 그러자면 생산가능인구(15~64세)를 먼저 분해해야 한다. 실존하지만 통계로 잡히지 않는 사각지대가 존재하기 때문이다. '생산가능인구 = 경제활동인구 + 비경제활동인구'[27]로 비율은 '100 = 70 + 30' 정도다. 전업자녀는 경활인구(2,960만 명)와 비경활인구(1,622만 명)에 절묘하게(?) 걸쳐 있다(2025년 8월). 실업자, 잠재 취업가능자, 잠재 구직자, 시간관련 추가 취업가능자 등 이른바 고용보조지표를 나타내는 공간에 폭넓게 포진한다. 모두 확장실업률로 불리듯 체감상황에 가깝다. 이를 반영하면 한국청년(15~29세)의 확장실업률은 16.3%로(2025년 6월), 발표된 청년실업률(6.1%)보다 3배나 높다.

'그냥 쉬었다' 2040세대 100만 명, '상당수는 최소한 전업자녀'

한편 전업자녀는 '그냥 쉬었다'[28]는 통계로 투영된다. 국가 데이터처(고용동향) 지표로 이 같은 전업자녀의 최소잣대가 알려졌다. 일도 구직도 없이 쉬었고, 재교육 여력도 없어 포기한 경우다.[29] 실제 '그냥 쉬었다'는 청년은 2016년 24만 명에서 2020년 41만 명, 2025년(7월) 44만 명으로 늘어 역대 최고치를 기록한다. 여기에 고용보조지표를 더하면 70만 명에 육박한다.[30] 반면 청년취업자는 각각 398만 명, 406만 명, 363만 명으로 줄었다.[31] 청년 9명 중 1명이 그

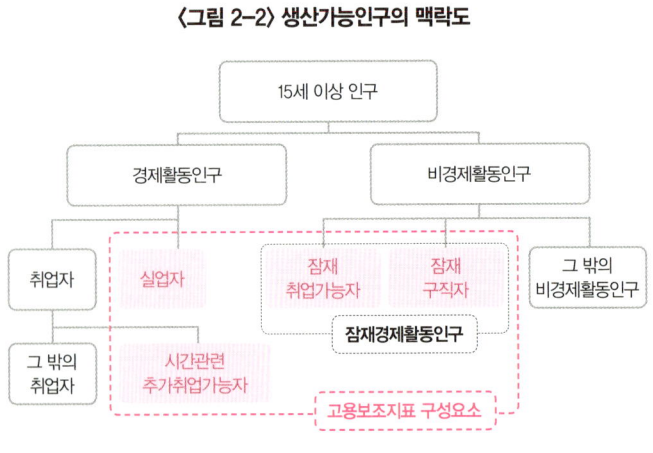

〈그림 2-2〉 생산가능인구의 맥락도

냥 쉰 것이다. 그중 76%는 원하는 조건(임금, 근로환경)에 맞는 일자리가 없어 일할 의사도 없다고 나왔다. 연령별 '쉬었음' 인구는 20대(42만 명), 30대(31만 명), 40대(27만 명), 50대(41만 명), 60세 이상(116만 명)으로 구성된다. 나이를 먹을수록 줄지만, 20~40세만 100만 명을 넘는다. 한번 쉬면 계속 쉴 여지가 많다는 의미다.[32]

중국처럼 독립 여부로 따져도 전업자녀는 상당하다. 한국사회가 청년독립을 뚜렷하게 막아서고 있어서다. 자녀의 독립 시기를 국제적으로 비교해보자. EU회원국의 평균 독립연령은 26.1세다. 스웨덴(19.7세)이 빠르고 포르투갈(28.9세)은 늦다.[33] 부유한 북유럽이 남유럽보다 일찍 독립하는 편이다. 한국은 서구처럼 '졸업＝독립'은 어렵다. 부모의존 없

〈표 2-2〉 청년층(15~29세) '쉬었음' 인구추이

연도	인구(만 명)	전년대비증감(만 명)	비중(%)
2021	38.4	−7.0 ↓	약 5.0%
2022	36.8	−1.6 ↓	약 5.0%
2023	38.6	+1.8 ↑	약 6.2%
2024	42.6	+4.0 ↑	약 7.3%
2025.06	40.8	−1.8 ↓	약 5.1%

자료: 국가데이터처, 경제활동인구조사(e-나라지표)

는 경제독립은 ±30세란 인식이 많다. 실제 서울 청년의 예상 독립 나이는 30.6세다.[34] 취업 시기와 주거독립의 시차 탓이다. 졸업＝독립은 확실히 아닌 게, 서른 이전도 부분 독립일 확률이 높다. 게다가 갈수록 늦어진다. 자녀독립은 나이에 비례하는데 21세(20%), 30세(60%), 40세(89%)로 10명 중 9명은 마흔 이후에야 독립한다.[35] 3말4초는 돼야 독립 여부가 일반화된다는 얘기다. 앞서 설명한 것처럼 최소한 ±35세 절반은 부모와 동거한단 얘기다. 전업자녀의 추론 힌트로 '무급가족종사자'[36]도 있다. 전업자녀의 개념인 가사 제공, 금전 지원의 축소사례에 해당하며 대졸 이상도 유일하게 늘었다.[37] 대졸청년의 자의적인 계약관계가 전업자녀의 전제라면 증가기반은 꽤 갖춘 것이다.

최소통계는 '쉬었음'과 '무급가족종사자', ±35세 절반 부모동거

다른 나라들은 어떨까? 전업자녀는 중국, 한국만의 특이 현상이 아니다. 비슷한 개념의 자녀 그룹은 외국에도 많다. 통상적인 공통분모는 '부모와 함께인 일 없는 자녀'로 정리할 수 있다. 즉 '부모동거+무직자녀'로 통칭한다. 등장 배경은 역시 선진국형 저성장과 직결된다. 고단해진 취업전선과 위험해진 둥지독립을 맞닥뜨린 자녀가 부모 곁을 떠날 수 없거나, 떠난 후 되돌아온 경우다. 내용은 닮아도 명칭은 제각각. 일본(Parasite Single), 미국(Twixter), 프랑스(Tanguy), 이탈리아(Mammone), 영국(Kippers), 독일(Nesthocker), 캐나다(Boomerang kids) 등이다. 하나같이 저성장 탓에 후속 청년의 자원확보가 힘든 선진국이다. 전업자녀(全職兒女)를 조어해낸 개도국 중국만 예외적이다.

한국과 쌍둥이는 일본이다. 일본에선 '아이방(子供部屋) 어른'이란 심각한 사회현상으로 비화된다. 캥거루족과 피터팬 콤플렉스가 결합한, 속칭 니트족의 업그레이드 버전이다. 독립하지 않은 중년 자녀가 학창시절 지내던 방에서 계속 생활하는 경우다. 성별로 나눠 '아이방 아저씨(子供部屋おじさん)', '아이방 아줌마(子供部屋おばさん)'로 불린다. 의도적인 유아 퇴행이면 충격적이다. 히키코모리(引きこもり)와 달리 재산이나 경제적 스펙을 지녔지만 결혼이나 자립 없이 부모에게 얹혀살며, 틀어박혀 있지 않고 출퇴근 등 일상 외

출까지 하는 차별성이 있다. 이렇듯 최소한 겉으론 전업자녀를 골라내기 어렵다. 문제가 없거니와 있어도 티는 별로 나지 않아서 가려지고 감춰지는 셈이다.

실제 전업자녀는 국가별로 패턴과 유형이 구분된다. 원조인 중국에선 둥지형, 동거형, 귀향형[38]의 3가지 패턴으로 소개하고 있다. 둥지형은 현실제약 속 독립을 지향하나 만만찮을 때 시간벌기의 중간기착지로 가족둥지를 택한 사례다. 취업준비, 시험대비, 창업모색 등 전형적인 자녀독립 때까지 부모동거 속 부담지원이 지속된다. 일시적으로 시작되지만 상황 악화로 둥지살이가 길어져 문제다. 동거형은 부모와의 정서적 유대를 목적으로 한다. 자존감이 적지만 취업의지는 존재한다. 일상살림과 정서돌봄에 적극 참여하며, 이 상황이 계속되면 독립지연과 의존심화가 우려된다. 독립의지가 없는 귀향형은 지속적으로 부모와 동거하며 효도 만족과 가사 기여에 매진한다. 가족주의적인 관계회복이 실천되나 사회고립과 경력포기가 불가피하다. 부모돌봄 속 관계갈등도 내재화된다.

이를 토대로 한국 사례도 유형화해 봤다. 중국보다 심층

〈표 2-3〉 중국의 전업자녀 3대 유형 상세 분석

	둥지형 (栖巢逐梦型/ Nest-returning Dreamer)	동거형 (眷巢依伴型/ Nest-loving Companion)	귀향형 (归巢反哺型/ Nest-returning Nurturer)
정의	가족둥지의 중간기착지화/ 현실제약 속 독립지향 (일시동거)	동거부모와 정서유대 중시/ 경제적 이유보다 가족생활 지속유지	경제·경력 무관/ 동거귀향 후 부모돌봄/ 가정경제 기여
심리	불확실한 미래/ 경제부담 경감카드	고독완화/가족안정감/ 개인자립에의 갈등 및 자존감 저하	효도실천 만족감/ 사회적 고립감/ 경력포기 모순자각
행위	취업준비/자격시험/ 창업모색	취업의지 미약존재/ 부모보호 및 동거심리 우선주 의/가사, 정서돌봄 적극참여	부모봉양/가사지원/ 돌봄·환원활동 적극참여/ 가족복지 복원
기반	무기력과 효능감의 줄타기/ 개인화 역설 (자립강조 vs. 지원현실)	세대의존 지향구조/ 정서 지지 중시형 청년선택/ 안정지향형	전통적 가족주의/ 은혜 보답 및 관계회복 중시실천
결과	부모부담 증가/ 자녀 독립지연	가족의존 심화/독립지연/ 분화시장 위축/ 돌봄 및 노동 재분배	비공식적 돌봄부담/돌봄갈등 내재화/비정형적 청년노동/ 경력단절 및 복귀장벽
사례	"집은 기착지, 안정된 직장까지 안 떠나고 공부 중"	"익숙한 집에 부모와 함께 있는 것만으로 마음 든든"	"부모님 건강 걱정. 집으로 돌아와 애도 보고 가사도 함"
대응	청년고용 안정/ 고용 매칭/ 취창업 및 주거지원	공동생활 지원정책(다세대, 세대교류 주택)/심리상담 접근 확대/자발적 동거 이해확산	영케어 제도화/돌봄공백 보완형 지역사회서비스/ 경력단절 예방 및 재진입 지원

자료: 田蕴祥(2024), pp. 47-56

분석이 가능해 더 쪼개 5가지로 추출했다. 십수 명의 주변
사례를 질적 방식으로 관찰, 인터뷰한 결과로 은폐무위형,
외부압력형, 가사돌봄형, 전환대기형, 자발선택형 등이다.
은폐무위형은 흔히 히키코모리(은둔형 외톨이)로 불리는, 불

〈표 2-4〉 한국형 전업자녀의 5대 유형구분 및 세대심정

은폐무위형	외부압력형	전환대기형	가사돌봄형	자발선택형
쉬었음의 은둔은폐	취창업형 실패반복	진학유학 준비단계	장기화된 가족돌봄	의도적인 데뷔포기
완전무직 무위생활	경제활동 기회부족	장기화된 시험준비	경제활동 불가능성	부모지원 전적의존
소통부재 외부단절	고용시장 미스매칭	직업훈련 시간투여	돌봄수요 효심교환	가족재산 풍족여유
체면중시 시선부담	취업허들 돌파부족	제한적인 부모의존	부모간병 금전부담	사전단계 부모합의
부모금전 완전의존	직업한계 체력악화	평생직업 타협모색	내부화된 돌봄경제	경제독립 의욕부진
사회 데뷔 의지부재	불가피한 장기취준	적정수준 가정능력	불충분한 복지제도	부모동거 유락생활
잠재적인 사회비용	단기근로 계약종료	단기전제 부모합의	세대동반 빈곤우려	생활비용 전액지원
"체면 탓에 말도 못해 vs. 일 안해도 살겠고만"	"더 노력해야 기회가 vs. 들어갈 문이 좁다니까"	"언제까지 준비만 할래 vs. 급하게 들어가면 더 손해"	"돌봐줘서 고맙지만 vs. 나중에 난 어떡하지"	"부모가 봉이냐고 vs. 어차피 줄 거 아냐"

통적인 외부단절의 전업자녀다. 쉬었음이 장기 지속되어 아무 일도 하지 않고 부모에게 의존하며 기생한다. 집안에서 가출한 자녀답게 동거하는 부모조차 체면 비용을 떠올리며 이들을 수면 아래에 묻어버린다. 가장 많고, 가장 길고, 가장 아픈 경우로 해석된다. 이들을 구해낼 정책과제는 산적한 상태다.

외부압력형은 전업자녀를 대거 탄생시킨 양산모델이다. 새롭게 떠오르며 전업자녀란 사회현상을 예고한 패턴답게 최근 급부상한다. 전업자녀를 개인이 아닌 구조 탓으로 보

〈그림 2-3〉 양국 전업자녀의 패턴 유형 비교

한국

은폐무위형	외부압력형	전환대기형	가사돌봄형	자발선택형
쉬었음 장기지속	구조적 경기불황	길어진 준비단계	장기적 가족돌봄	의도적 분화포기
무위형 부모의존	취창업 실패반복	계속적 자산투입	저비용 내부자원	선제적 부모합의
불통적 외부단절	길어진 취준생활	제한적 부모의존	힘겨운 자립경제	공유된 가정자산
폐쇄적 체면비용	방치된 독립의욕	전제된 평생독립	심각한 세대빈곤	동거형 유락교환

중국

둥지형 (Nest-returning Dreamer)	동거형 (Nest-loving Companion)	귀향형 (Nest-returning Nurturer)
중간 기착지형 가족둥지	동거부모와의 정서유대	동거형 귀향 후 가정경제 기여
현실제약 속 독립지향	자존감 저하/취업의지 존재	효도만족/사회고립/경력포기
취업준비/시험대비/창업모색	가사/정서돌봄 적극참여	가족주의형 관계회복 실천
일시적 부모동거/부담지원	지속적 독립지연/의존심화	청년단절/돌봄갈등 내재화

며 중립성을 내포한다. 구조적인 경기불황으로 취업, 창업의 실패와 반복이 길어진 취준생활로 연결되며 결국 독립의욕을 방치하는 맥락을 갖는다. 외부압력에서 버텨낼 인내와 극복 공간을 내어준 것은 동거부모의 내리사랑과 경제원조다. 전환대기형은 부모의존이 제한적이고 평생독립이 전제돼 앞 사례들과 다소 구분된다. 독립준비가 길어진 전업자녀로 자산투입을 지속하며 분리전환을 대기하는 2030에 주로 많다. 가사돌봄형은 전업자녀의 '전업'을 구체화한 유형이다. 가사와 돌봄의 제공 대가로 용돈 이상의 월

급을 받는 형태다. 정식계약은 아니나 부모자녀 간 과업과 임금이 교환되면서 일종의 윈윈전략으로 평가된다. 부모로선 해결 욕구를 내부 자녀에 위탁해 안전성을 높이고, 자녀는 무위도식의 혐의 없는 당당한 노동 기여가 가능하다. 다만 폐쇄적인 내부교환으로 자립경제가 힘들어지면 심각한 동반 빈곤도 우려된다. 자발선택형은 압력이나 필요에 따른 지원, 의존이 아닌 당사자 간 자발적이고 의도적인 분화 포기의 전업자녀를 뜻한다. 공유될 탄탄한 가정자산 덕에 동거를 통한 유락교환에 의미를 둔다. 선제적인 부모합의가 전제되며, 스스로 택한 길이어서 갈등 또한 제한적이다 (그림 2-3).

3.
전업자녀를 양산해낸 원죄들

요약하면 전업자녀의 최소규모는 100만 명에 달한다 (20~40세). '쉬었음'이란 공식통계에 잡히는 드러난 경우가 그렇다. 사실상 부모와 동거하며 무직으로 의존한단 점에서 폐쇄은둔형에 가까운 캥거루족을 의미한다. 그런데 전업자녀는 밝고 맑을뿐더러 떳떳하고 새로워진 자녀유형을 뜻한다. 부모와 같이 살며 일정 부분 금전지원을 받을 뿐, 캥거루족 취급은 거부한다. 한국도 5대 유형 중 은폐무위형을 빼면 외부압력형, 전환대기형, 가사돌봄형, 자발선택형 등의 상징개념처럼 성립 전제가 일시기간, 제한지원, 자발심리, 긍정역할, 협력관계 등을 내포한다. 전업자녀의 숫자와

진용이 늘어나고 넓어진다는 의미다. 완벽한 '부모와의 별거, 유직 독립'을 빼면 정도 차이만 있을 뿐 전업자녀가 대다수다.

최대치는 800만 명 정도다. 부모와 동거하는 2040세대 숫자다. 캥거루족 등 관련통계를 취합하면 20대의 80~90%, 30대의 50%는 부모동거로 잡힌다.[39] 대략 20~29세(578만 명), 30~39세(665만 명)[40]란 점에서 도합 800만 명 정도다.[41] 20대 절대다수와 30대 절반가량을 부모동거가 전제된 '부분지원(일부금전)↔절대지원(무직의존)'으로 본 경우다. 적든 많든 함께 살며 지원을 받는다는 점에서 전업자녀의 성립조건에 부합한다. 실제 ±35세의 독립확률이 절반이란 점에서 그 이하 연령의 절대다수를 전업자녀로 봐도 무방하다. 40세까지만 봤기에 이후 연령대는 제외했지만 평생독신(50세 시점)이 10~20%란 점에서 전업자녀의 고령화도 관전 포인트다. 총각아저씨, 처녀아줌마의 전업자녀화다.

그렇다면 전업자녀와 완벽한 대칭점에 선 경제적, 가족적인 독립분화를 완료한 부업자녀(?)를 빼면 누구나 전업자녀 당사자 또는 예비군일 수밖에 없다. 이 시대 아들딸의 직업을 전업자녀로 봐도 이상하지 않다는 얘기다. 더 구체화한 분해도 가능하다. 앞서 16가지 유형으로는 '무직×2030×저학력×동거'가 지금껏 압도적이며 '유직×4050×고학력×별거'는 향후의 변화 흐름을 이끈다. 확실한 숫자 기준인 연령을 빼면 나머지는 양자택일일 수 없는 변수여서 스펙트럼은 더 넓어진다. 직업만 해도 정규직부터 비정규직까지 무수한 줄 세우기가 가능하다. 학력은 전입(全入)시대답게 고저를 나눌 기준으로는 모호하며, 동거냐 별거냐도 둘 중 하나가 아닌 근거(近居)처럼 느슨한 형태도 등장한다.

전업자녀 최대치는 ±800만 명, 신유형 가세할 분위기

앞서 직업자녀가 출현하는 이유를 살펴봤다. 지금부터는 전업자녀의 출현 배경을 더 구체적이고 논리적으로 추출, 연결해보자. 우선 간단히 정리하면 전업자녀의 출현 배경은 복합적이다. 경제요인(취업난, 비정규직, 주거비용, 자산부족 등), 사회 문화요인(비혼화, 내리사랑, 과잉보호 등), 개인요인(자아정체감 지연, 자율 및 책임부족, 청년우울 등) 등이다. 독립을 원해도 금전 부족에 발목을 잡혀 요건이 충족되기까지 미루거나 성인이라고 꼭 독립하라는 법은 없다는, 달라진 가치관도 한몫한다. 독립환경이 악화된 가운데 부모자녀의 상황수용 및 상호협의가 (장기든 단기든) 전업자녀를 만들었다. 따라서 세대갈등보다 시대갈등에 주목하는 편이 현실적이다. 청년의 약탈된 미래가 빚은 결과다. 적어도 전업자녀 개인을 탓하는 일은 경계해야 한다.

단순화하면 전업자녀는 결국 시대변화에 대응하려는 부모와 자녀의 쌍방욕구가 맞아떨어져 발생한 사회현상이다. 손뼉도 마주쳐야 소리가 나듯, 한쪽의 일방적인 상황에서 이런 현상이 생겨나지는 않는다. 더욱이 누굴 탓해서 해결될 일도 아니다. 그저 '자녀의 일자리 + 부모의 자녀관'이 빚어낸 현상이다. 물론 단계별 거시적, 외부적인 강화변수가 붙어 추세를 심화한다. 시계열로 누적된 변수들이 전업자녀를 양산한다고 추정할 수 있다. 각각 저성장, 퇴행화, 의도성, 트렌드 등으로 누적 또는 강화돼 전업자녀를 잉태한다. 저성장이 부모의존에 불을 댕겼지만, 가치관 변화에 따른 퇴행기제도 독립분화를 가로막는다. 이제는 적극적인 당사자의 자발적 의지도 한몫한다. 합의되고 의도된 전업자녀의 등장은 결국 트렌드로 자리 잡는다. 직업을 전업자녀로 일컫는 우스갯소리가 보통명사로 안착하는 순간이다.

이처럼 4대 기준 잣대를 쪼개면 전업자녀의 출현 배경을 자연스레 정리할 수 있다. 왜 전업자녀일까의 직관적이고 구체적인 안내판은 하나같이 돈벌이의 경기상황과 직결된다. 가족분화의 독립자녀가 표준 모델이 된 이유는, 부모를 떠나 자기 힘으로 먹고살면서 가족을 꾸리는 일이 가능했고, 그게 일반적이었기 때문이다. 크게 무리하지 않는 무난한 취, 창업형 소득확보가 가족 결성의 핵심 엔진이었다. 경기가 좋아 고용, 소득, 저축이 늘면서 2차 가족의 세대확장이 이뤄졌다. 고성장 덕분이었다. 반대로 저성장은 가족분화를 막는다. 투입(교육)과 산출(취업)의 가성비가 나빠지면서 나이는 먹고 살 집은 고민스럽다. 추가투자의 반복도전이든 자포자기의 집안기생이든, 전업자녀는 자연스러워졌다.

뿐만 아니라 부모 소유의 가계자산도 영향을 미친다. 많을수록 전업자녀의 직접고용이 쉽고, 적을수록 가사돌봄의

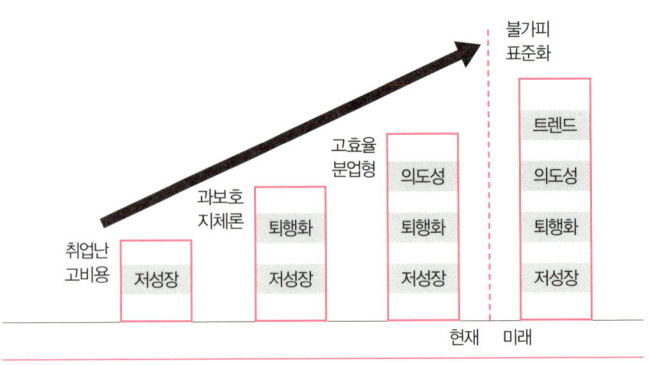

〈그림 2-4〉 전업자녀의 출현배경

무급봉사가 많다. 여기에 부모자녀의 개별의지, 가치지향 등 정성 기준까지 소환돼 전업자녀를 완성한다. 이처럼 전업자녀는 경기불황부터 시작해 하나둘 발생 배경을 추가하며 강화된다. 최초는 저성장으로 인한 고비용 및 취업난이 소환한 전업자녀다. 전형적이고 일반적인 사례다. 여기에 내리사랑형의 부모의지가 더해져 과보호와 지체(독립)론의 퇴행화가 붙는다. 응석지원과 독립포기다. 저성장, 퇴행화는 고효율, 분업형의 의도성과 만나 전업자녀의 포트폴리오를 넓힌다. 부모자녀의 효용증진을 위한 양자동의 속 의도적 분업매칭을 뜻한다.

여기까지 전업자녀의 현재 모습이다. 저성장, 퇴행화, 의도성의 삼박자는 전업자녀를 가상공간을 필두로 하는 반짝 유행을 넘어서 트렌드로 이끈다.[42] 괜찮다는 인식이 퍼지면 불가피한 일, 표준화의 트렌드로 안착하는 것이다(그림 2-4).

'자녀의 일자리+부모의 자녀관'이 빚어낸 유력 트렌드

실제 중국에서도 전업자녀는 고용악화 탓에 등장했다. 자녀독립의 방해요소 및 사회문제로 부각된 '더딘 취업(Slow employment)'이 주요 원인이다. 중국 정부로선 감추고픈, 그러나 심각한 상황 속 조롱거리로 부각된 일련의 대응 현상 중 하나로 등장했다. 탕핑족을 비롯해 996, 종교 및 복권 붐 등이 전업자녀와 통한다. 중국사회의 조롱거리이자 불안요소로 지적되는 와중에 청년인구의 신 트렌드로 안착했다.[43, 44]

'더딘 취업'의 증거는 한국에도 많다. 바늘구멍인 취업 시장에 섣불리 나서기보다 유예기간을 두려는 '대학 5학년'이

대표적이다. 규정학기를 넘겨 최소학점을 등록해 졸업을 자동으로 미루는 사례다. 직업란에 취준생 또는 졸업생이라 쓰지 않으려는 차원이다. 대학원은 답답한(?) 안전장치로, 진학욕구보다 임시방편이 적잖다는 후문이다. 반면 단기적인 임시직이나 알바처럼, 언제든 그만둘 수 있는 가벼운 일자리를 선호한다. 이로써 대졸자는 넘쳐나고 좋은 일자리는 적어져 고급 인재의 전업자녀화를 재촉한다. 고졸보다 더 불행하다는 자조도 많다.[45]

신입사원 모집관행은 브레이크가 걸렸다. 경력신입을 뽑으려는 경향이 심각하다. 무늬만 신입일 뿐 경력 없이는 채용하지 않는 분위기다. 신입공고인데 실제로는 경력직을 뽑는다니 순수신입은 사실상 입구에서부터 거절당하는 셈이다. 과거처럼 신입(대졸) 일괄채용은 소리소문없이 축소됐다. 대놓고 구입형 신입을 뽑거나 인턴 형태로 전환한 곳이 부지기수다. 신입을 뽑아야 그들도 경력을 쌓는데, 애초부터 신입답지 않은 신입을 원하니 대졸자의 취업 허들은 턱없이 높을 수밖에 없다. '더딘 취업'이 '닫힌 취업'으로 악화된 셈이다. 그로 인해 집안의 도움을 청하거나, 이런 현상의 지속으로 아예 집에 눌러앉는 전업자녀가 생겨난다.

힘들게 취업해도 불만은 많다. 저임금의 고착화가 근로동기를 낮춰서다. 대기업, 정규직, 노조뒷배 삼박자를 갖춘 직장인은 ±10%뿐이다. 10년이 지나도 월급이 200만 원대면 쉬지 않을 이유가 없다. 회사를 다녀도 돈이 드는데 그 정도면 쉬면서 더 아껴 쓰는 게 낫다는 판단이다. 생활비가 필요하면 그때그때 알바 자리를 찾으면 된다.[46] 자영업이 많은 특수상황도 전업자녀의 출현과 연결된다. 자영업 특성상 자녀를 가족고용의 형태로 두는 경우다. 독립하지 않았거나, 외부 고용시장에서의 경쟁력이 낮다면 자영업을 하는 부모가 자녀를 거두는 식이다. 시간이나 급여, 조건 같은 근로관계의 설정과 증빙이 필요하지만 영세규모라면 용돈처럼 주고받는 경우도 적잖다. 경비인정이 안 되고 가족증여로 봐 과세지점도 많지만, 역설적이게도 크게 못 벌기에 세제 기준을 지킬 준수 동기도 낮다. 부모 회사에 이름만 걸거나, 잠깐 일하며 월급과 법인카드를 받아쓰는 전업자녀도 증가하면서 왕왕 사회문제로 비화된다.

전업자녀를 유도, 응원하는 새로운 부모 그룹의 탄생

한편 전업자녀의 등장 배경 중 빠트릴 수 없는 상황은, 전통경로에 반기를 든 달라진 중장년층 부모의 출현이다. 전업자녀를 반대하기는커녕 되레 응원하는 부모 그룹을 뜻한다. 꼰대(?)적 사고체계라면 응당 반대해야 할 전업자녀를 거꾸로 괜찮다며 토닥이는 경우다.

이들에겐 유력한 공통분모가 확인된다. 혼돈과 급변의 과도기인 90년대를 2030 시절 경험했다는 점이다. 특히 신인류로 불린 X세대의 연이은 중장년 부모편입이 주목된다. 스스로 일찌감치 전통경로에 맞서 기존질서에 거부권을 행사한 이색 그룹답게 X세대의 부모화와 자녀관은 꽤 생경한 인생모델을 만들어냈다. 따라서 전업자녀는 느닷없는 출현이라기보다 어쩌면 '콩 심은 데 난 콩'처럼 예견된 등장일 확률도 낮지 않다.

결국 전업자녀의 역사원류는 90년대 X세대로 집중된다. 90년대부터 전업자녀는 있었을 듯하다. 존재했으나 표식되지 않은 신별종 자녀유형 중 하나로 묻혔을 확률이 크다. 이후 상당수는 선배경로를 좇아 가족분화에 합류하며 한때의

〈그림 2-5〉 달라진 중년부모의 새로운 세계관: 90년대 학번들의 경험

추억으로 남았을지 모른다. 물론 뼛속 DNA에 새겨진 근본 성향은 사라지기 어렵다. 시대 풍파로 희석될지언정 사라지지 않은 반골 기질이 자녀세대로 옮겨지며 전업자녀를 키워냈다는 시나리오다. 그만큼 전업자녀의 가치관과 90년대 분위기는 닮았다. 전통에 회의적인데 시선은 현실적인 탈권위와 민주화는 개인주의로 완성된다. 직장이 전부가 아니고 결혼이 필수도 아닌 최초 청년이 X세대란 점에서 판박이처럼 가깝다.

남들과는 다르게 살겠다는 X세대의 사고체계를 거들어

준 건 격동의 90년대다. ±90년대로 이전과 이후가 완벽히 결별하는 압축적인 구조전환은 X세대를 잠재적 전업자녀로 만들기에 충분한 조건이었다. 대학 진학률이 10년 만에 2배(90년 27.1% → 99년 62.0%)가 된 것도 고학력의 X세대가 다른 인생을 살아갈 가능성을 뒷받침한다. 가치관(해외여행, 남녀평등…), 도시화(신도시, 서울 블랙홀…), 신기술(인터넷, 벤처붐…), 저성장(외환위기, 구조조정…) 등의 환경변화가 가족구조에 혁신실험을 불러왔다. 시간이 흐르면서 이들 별종부모의 반항 흔적은 그들의 아들딸을 전업자녀의 길로 안내했다. 살아보니 절대원칙이던 전통경로나 모범인생을 좇은들 가성비가 낮다는 스스로의 경험이 한몫했다. 비켜선 삶이지만 더 행복한 임상사례도 축적하며 달라진 중년부모의 새로운 세계관은 강화됐다(그림 2-5).

X세대의 90년대 학번은 얼추 ±50세다. 즉 확인된 전업자녀의 상당수 부모 연령은 386그룹에 가깝다. 실은 이들도 X세대만큼 저항의 상징이다. 80년대 민주화는 엄청난 에너지가 축적된 패러다임 전환요구였기에, 386그룹부터 달라진 청년 출현이 시작됐다. 그들이 구조개혁의 문을 열었기

에 90년대가 꽃을 피울 수 있었다. 즉 전업자녀는 지금부터가 관전 포인트라는 뜻이다. 386보다 더 특이한(?) 경험을 지닌 X세대의 현재 ±20세 자녀 그룹이 대학진학과 사회진입을 본격화할 10~20년 후 전업자녀의 대세 흐름도 예상된다. 가족분화를 유도할 유인이든 전통가족을 고수할 동기든 하나같이 거칠게 줄어들고 있어서다. 그리고 그 방향은 전업자녀를 향한다. 전업자녀가 아닐지언정 역할과 조합이 달라진, 시대변화에 최적화된 신형가족의 다양한 매트릭스일 수밖에 없다.

4.
전업자녀로 수렴하는 미래의 아들딸들

***

미혼인 김모(41) 씨는 부모님과 함께 산다. 공간에 대한 질이 중요해 자발적인 캥거루족으로 만족한다. 행복도 삶이 따라줘야 가능하기에 현실적인 카드다. 부모도 결혼이나 손주를 아쉬워하긴 하지만, 노후를 자녀와 함께라며 즐거워한다. 독립 가능성이 없지는 않다. 소득도 어느 정도 있지만 굳이 비효율적인 독립은 원치 않는다. 수도권에 1인 가구 주택을 구할 수는 있지만 40평대 편리한 아파트는 어렵다. 전세사기, 고율이자, 고용불안 등을 감안하면 이 편이 낫다. 디지털 시대답게 부모에게 도움도 많이 준다. 부정여론은 캥거루족을 살아본 세대에 대한 공감

부족으로 여긴다.

* * *

서울의 50대 부부는 두 자녀와 산다. 같이 사니 딸은 입사 1년 차에 벌써 2,300만 원을 모았고, 아들은 월급이 적지만 지출이 적어 차도 계약했다. 굳이 자녀가 독립할 필요는 없다고 여긴다. 각자 방이 있어 생활공간도 존중되니 큰 불편 없이 지낸다. 실제 집값은 가혹해서 몇 년 월급 받아도 서울 전세는 상상할 수 없다. 솔직히 자식 독립이 더 걱정되며, 독립을 미루는 걸 무책임하다고 생각하지 않는다. 오히려 부모와 안전하고 안정된 환경에서 지내는 편이 낫다. 결혼 후 독립까지는 집에서 돈 모으는 게 가장 현명하다.[47]

잘 알려진 캥거루족의 개별사례다. 캥거루족은 진화한다. 부모는 일하고 본인은 쉬는(또는 취약한 경제력의) 캥거루족은 1.0버전이다. 지금은 취업은 물론 결혼, 출산하고도 얹혀 사는 2.0버전까지 확대된다. 기생자녀를 뜻하는 일본판 패러사이트 싱글조차 안정소득의 정규직으로 개념영역을 확

장한다. 반면 한국의 캥거루족은 직업이나 동거 유무만으로
는 판단할 수 없을 만큼 각양각색의 모습과 지향성을 갖는
다. 캥거루족인데 경제력과 독립력을 일정 부분 겸비했다면
전업자녀로 갈아타도 좋다. 결국 세부 구분은 '부모 의존도
의 스펙트럼' 별로 달라진다. 자립 연령인데도 부모에게 의
존한다는 이유만으로 캥거루족이라고 지목한다면, 전업자
녀처럼 달라진 자녀군상을 설명하기가 곤란해진다.

취업, 결혼, 출산 후에도 얹혀사는 전업자녀 2.0버전

전업자녀의 원형인 캥거루족은 관련 연구 및 패턴 분석이
많아 전업자녀의 미래를 예상하는 바로미터로 제격이다. 캥
거루족의 학술용어는 대개 '독립연령, 부모동거, 생활의존'
의 성인자녀로 정의된다. 과거엔 주거의존을 중시했고, 최
근엔 자녀소득을 감안해 경제의존을 강조하는 분위기다. 개
념 정의의 포괄순위도 있다. 1순위 동거여부, 2순위 경제의
존, 3순위 연령기준(23~40세), 4순위 미혼자녀, 5순위 기혼
자녀 등의 우선적인 적용 기준이다.[48] 캥거루족 3대 유형 구

분법도 있다. 캥거루족Ⅰ형(부모동거+경제의존), 캥거루족Ⅱ형(부모동거+경제독립[49]), 캥거루족Ⅲ형(부모별거+경제의존) 등이다.[50] 결국 일부지만 영역을 넓히는 캥거루족의 확장판인 Ⅱ형과 Ⅲ형은 전업자녀와 일맥상통한다. 여기에 중장년화와 고학력화까지 닿으면 전업자녀가 완성된다.

전업자녀의 잉태기반인 캥거루족을 보면 자녀의존성은 부모경제력과 직결된다. 선행연구의 대체적인 결론도 자녀자립과 부모지위의 상관관계를 인정한다. 부유한 부모일수록 자녀의 캥거루족 비율이 높다. 캥거루족은 총소득, 총부채, 금융자산, 소비지출액 모두 설문(오호영, 2015)에 응한 평균가구보다 유의하게 더 많다. 자가비중도 높아 이자비용이 제한되는 가운데 소득 및 금융자산 등 구매력이 탄탄해 여유로운 경제력을 뜻한다고 볼 수 있다.

군집화한 4대 소비유형은 자녀용돈, 식비주거비, 교육비, 보건의료비 등으로 나뉜다. 자녀용돈 중심형은 5060세대 가구주의 4인 가구로 가계소득이 가장 높다. 부모의 여유가 자녀용돈과 직결된다는 의미다. 식비주거비 중심형은 5060세대의 3인 가구로 수도권에 많고 고임대료로 소득/지출이 적다. 즉 기초생활비가 많아 다소 열악하다. 교육비 중심형은 50대 가구주에 대졸 이상 4인 가구로 소득/지출이 많다. 독립지원용 교육비 지출이 특징이다. 보건의료비 중심형은 6070세대 가구주로 소득이 가장 적다.[51]

4대 유형별 캥거루족은 부모인 가구주의 연령대와 경제력으로도 구분된다. 부모 연령으로 추산하면 캥거루족의 초기 데뷔는 50대 대졸부모의 높은 경제력을 통한 교육지원(생활비 중 20%), 5060세대 비수도권 고졸부모의 경제력으로 용돈(생활비)지원, 5060세대 수도권 3인 가구로 임대료가 높아 제한적인 소득/지출로 가족연대 경제실현(주거비), 6070세대 비근로자 가구주의 제한적인 소득/지출로 보건의료형 욕구교환(복지비) 등으로 연결된다. 결국 캥거루족의 진입 경로는 50대 부모지원에 힘입은 교육지원형 자녀독립을 모색한 후 자녀 용돈으로 확대, 편입된다. 이후 부모가 5060세대로 넘어가며 수도권처럼 주거비가 높아지면 동거 효과가 매력적인 식비주거형으로 안착한다. 마지막은 부모소득이 불확실해지는 6070세대 이후로 빈곤자녀가 빈곤부모의 보건의료를 챙기는 상향식 캥거루로 변질된다. 모두가 이런 패턴을 띄진 않지만, 캥거루족의 유형 분류를 통해 섬세한 상황이해와 적절한 대응방식이 가능하다는 점에서 살펴볼 가치가 있다.

부모세대 경제력이 관건, '교육비 → 생활비 → 주거비 → 복지비'

이처럼 전업자녀의 출현 배경엔 저성장, 퇴행화, 의도성, 트렌드의 강화변수가 시대별로 축적된다. 취업난과 과보호에 고효율의 표준화가 덧대져 전업자녀를 완성한다. 하나같이 묵직한 무게감을 지닌 대형요인답게, 당분간 지속될 수밖에 없는 사회현상이다. 전업자녀가 과연 문제인지 진단하고, 문제라면 돌파 및 활용전략이 중요하다. 변화를 문제가 아닌 현상 또는 기회로 바꾸자면 색안경보다 현미경이 절실히 필요하다. 현실을 정확히 분석해야 노련한 대응체계를 기대할 수 있다. 전업자녀를 푸념과 한숨의 고정관념에서 구출해 기회와 혁신의 기대효과를 발휘토록 설계할 때다.

없는 길을 만났을 때 유용한 건 나침반이다. 같은 맥락에서 전업자녀를 이해하는 바로미터는 선행경험의 유사사례다. 발빠른 선행경험은 후발자에게 효율적인 추격이득을 안겨준다.

전업자녀는 한국만의 일시적 현상이나 독특한 특수사례가 아니다. 눈을 밖으로 돌리니 이름만 다를 뿐 한국보다 앞서 전업자녀와 닮은 자녀출현을 경험했다. 특히 한국이 맹렬히 추격하며 벤치마킹한 대부분의 선진국에서 전업자녀가 나타 났다. 고성장의 종료 후 성숙경제로 넘어갈 때부터 그들의 등장은 본격화한다. 과거 현상도 아니며 여전히 해당 사회의 엄연한 코호트로 존재한다. 은둔폐쇄형처럼 부정적 의미로 시작해 갈수록 자발선택형의 긍정적 영역까지 확대되는 것도

〈표 2-5〉 전업자녀 이전의 유사현상 개념비교

	패러사이트 싱글(일본)	캥거루족(한국)	부메랑키즈(서구)
배경	1990년대 복합불황. 부모의존적 동거문화	2000년대 이후 저성장 전환. 과도한 주거비 부담	2008년 금융위기 이후. 뚜렷한 경기불황
가족	부모지원 당연. 가족결속 강력	부모와 상호편리 구조. 부모도 돌봄유지	부모와의 평등관계
특징	정규직, 안정소득. 부모동거, 생활비 각출 없음. 본인소득 취향소비	전문직, 대기업 등 고소득 청년포함. 부모동거, 비용절약. 개인소비 여력증가	대졸독립 이후귀환. 소득존재에도 독립비용 과도해 부모동거 선택
이유	주거비 절약. 가족의 정서적 의존. 결혼지연	서울·수도권 과도한 주거비. 독립의 경제적 메리트 적음. 자녀동거 부모희망	금융위기 이후 확산. 부모와의 평등관계로 귀환의 사회낙인 제한
결과	이기적이란 사회비판. 중산층자녀의 합리적 선택 해석도.	여유로운 청년자녀. 자녀돌봄 부모존재. 상호편리 교환구조	새로운 가족형태로 해석. 제도반영 (사회주택 등)

공통적이다. 감추고픈 아픈 손가락이 아니라 알고 품으며 써 먹을 신현상으로의 승격(?)도 닮았다.

전업자녀와 비교되는 아류 현상은 해외에도 많다. 캥거루 족과 비교되는 패러사이트 싱글(일본), 부메랑키즈(서구) 등이 대표적이다. 그 외에도 폐쇄은둔족, 니트족, 프리터 등 독립분 가한 전형적인 성인자녀와 다른 유형은 많다. 더 상세한 국제 비교와 특징발굴을 위해 편의상 전업자녀를 경제력과 독립 력의 두 축으로 나눠보자. 전통모델인 독립자녀는 둘 다를 아 우른 1사분면에 늠름히 배치된다. 부정/긍정시선까지 아우른

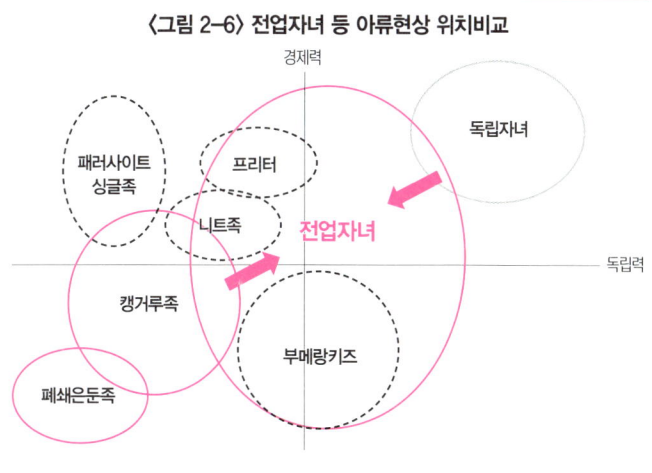

〈그림 2-6〉 전업자녀 등 아류현상 위치비교

확대된 전업자녀는 가장 넓은 범위를 지니며 중간을 차지한다. 경제력과 독립력이 부족한 경우가 많을 뿐 기본적으로는 중립지향적이다. 선행의 해외사례는 긍정론이 아직까지 별로인지라 대부분 2사분면과 3사분면에 위치한다. 부모지원 덕에 경제력은 있지만 독립력이 낮은 프리터, 니트족, 패러사이트 싱글 등이 2사분면을 차지한다. 캥거루족과 폐쇄은둔족은 경제력도 독립력도 낮아 3사분면에 있다. 전업자녀와 유사한 부메랑키즈는 독립유지가 힘들어 부모귀환을 택했기에 당장 경제력은 없지만, 독립 경험과 의지가 있다는 점에서 3사분면과 4사분면의 경계가 적당할 듯하다(그림 2-6).

한편 전업자녀는 부모세대와의 경제적 동반관계도 있지만 경제적 착취사슬도 있다. 전자는 가사나 돌봄을 제공하고 부모에게 월급을 받지만, 후자는 부모에게 얹혀살거나 용돈을 받아도 집안일은 하지 않는다. 그래서 전업자녀가 전자라면 캥거루족은 후자로 구분되기도 한다. 중국에서는 전업자녀의 특징을 가사와 용돈(≒월급)의 교환체계가 구체화, 형식화된 근로계약서 작성 여부로 따지기도 한다. 그들의 일반 정의는 부모와의 동거생활, 가사와 월급의 교환구조 등이 최소조건으로 정리된다. 얹혀살지만 떳떳한, 그래서 독립적이고 적극적이며 외향적인 새로운 자녀 그룹이란 뜻이다. 용돈과 월급도 구분된다. 집이 직장이고 부모가 고용주일 뿐, 엄연히 노동시간과 할당업무를 협상하는 프로직군이란 얘기다. 염치가 있기에 빈둥거리며 공짜 숙식에 용돈까지 뜯어가는 캥거루족과는 다르다. 캥거루족은 늘어도 전업자녀로의 전향 행렬은 줄어들 거라는 반론도 있다.[52]

경제력이 동반된 부모가 존재하는 한 사적거래(?)를 탓할 이유는 없다. 반대로 경제적 곤란이 클수록 부모자녀의 교류기회가 감소하거나 사라지는 경우도 많다. 다행인 건 절대빈곤에서 벗어난 부모가 늘었다는 점이다. 중위소득의 50% 이하를 뜻하는 상대적 빈곤선이 낮아져, 한때 50%대에서 37.6%(2021년)까지 줄었다. 그렇다면 캥거루족처럼 경제적 착취사슬보다 적극적인 기브앤테이크형의 경제적 동반관계인 전업자녀가 더 늘어날 전망이다. 차라리 월급을 쥐가며 전업자녀를 둔다면 그나마 성공한 인생이지 않을까 싶다. 어디까지나 여유롭고 물려줄 게 있는 부모의 선택이 전업자녀를 완성한다. 부작용을 줄일 상황이지 굳이 백안시할 이유는 없다.

5.
8050문제가 소환한 최악의 시나리오

***

45세 회사원 남성은 패러사이트 싱글 생활을 담담히 밝힌다. 70대 양친과 동거 중인데 가사 등 주변업무는 부모가 해준다. 가벼운 맘으로 일하고 취미에 시간과 돈을 쓴다. 휴일은 여행하거나 라이브 공연을 찾는다. 매월 생활비로 7만 엔을 낸다. 35세까지는 결혼 재촉을 받았지만 지금은 완전히 사라졌다. 결혼 희망을 물어도 'No'라고 즉답하는 남성. 독립하면 되레 부모님이 외로워할지 모른다고 한다. 어쩌면 이런 게 시대 흐름이란 입장이다. 집은 정원이 달린 훌륭한 저택이며 당연히 부모 소유다. 이런 은혜로운 환경을 무리하게 벗어날 이유는 없다. 더 늦어갈 미래가 걱정되나 굳이 당겨서 하고 싶진 않다. 부모를 간병해야 할 상황이 오면 솔직히 걱정은 된다고 고백한다.[53]

위 사례에서 주목해야 할 포인트는 마지막 문장이다. 지금은 음지에서 구해낸 번듯하고 유의미한 전업자녀가 과연 시간이 지난 후에도 계속 밝고 맑게 존재할지는 미지수다. 전제조건이 바뀐다면 거대한 위험에 봉착할 염려가 상당해서다. 요컨대 늙어버린 전업자녀가 초래할 개인적, 사회적인 불행 이슈가 그렇다. 당장은 자녀불황과 부모재원이 결합해 개별편익을 높이는 선순환적인 기대효과를 누릴지언정 지속적인 세대연대의 작동방식이 유지되고 공고해질지는 누구도 장담할 수 없기 때문이다. 어쩌면 부모자녀 모두 동시다발로 붕괴되는 불행 도미노의 디스토피아조차 예단하기 어렵다.

힌트는 있다. 해외사례에서 눈여겨봐야 할 심각한 염려후보는 일본 사회다. 전업자녀가 변질한다면 끔찍하고 비참한 최악의 절망상황은 일본의 '8050문제'에서 목격된다. 고령부모(80세)와 중년자녀(50세)의 조합이 전업자녀의 미래를 예고한다고 보기 때문이다. 실제 8050문제는 저출생/고령화가 길고 복합적인 불황을 만나 불거진 가족 붕괴의 상징적 화두다. 한국의 전업자녀가 5060세대 부모 그룹과 2030세대 자녀집단의 새로운 랑데부라면 아직은 핵가족형의 현역세대(생산가능인구)가 공통분모다. 문제는 이들도 자연스레 늙어간다는 점이다. 소득단절과 자산잠식이 반복되면 동반 빈곤의 늪에 빠질 수밖에 없다. 독립 자생력이 상실된 중년의 전업자녀를 지탱할 안전망은 사라진다.

일본발 8050문제 '중장년 전업자녀의 몰락예고?'

전업자녀가 앞으로도 계속될 수밖에 없다면 8050문제는 정복대상이다. 인구변화와 부딪힌 미스매칭이 불러온 '오래된 미래'답게 전업자녀가 사회문제로 전락할 경우, 8050문제는 우려되는 갈등 지점이 총망라된 이슈다. 긍정의 최선 사례만큼 부정의 최악 풍경도 예상해야 한다. 일본의 8050문제는 사실 폐쇄은둔형의 중년자녀로부터 비롯되기에 전업자녀와 정확히 일치한다고 보긴 어렵다. 그런데도 제반환경과 작동논리는 꽤 닮아 있다. 세대 내부의 자원교환이 멈추고 분업 엔진인 경제 능력이 사라지면, 한때의 전업자녀도 늙어버린 폐쇄은둔족으로 전락할 수밖에 없다. 종국엔 현역형의 긍정적인 품앗이가 사라지고 말년형의 부정적인 노노(老老)돌봄에 직면할 운명이다.

결국 8050문제는 전업자녀의 중년화로 정리된다. 고령화 부모와 저출생 자녀의 새로운 결합과 달라진 질서로 잉태한 전업자녀가 곧 맞이해야 할 근미래의 사각지대가 8050문제에 내포된다. 당장은 4050세대를 향해 치닫는 아들딸의 중년화가 먼저다. 아쉽게도 한국사회에서 중년은 크게 주목받지 못한다. 저출생/고령화의 트렌드에서도 소외되며, 중년 화두는 관심도 정책도 별로 없다. 경제활동인구의 주력집단이자 사회의 허리인데도 청년과 노년 이슈에 밀리고 가려져 섬처럼 존재한다. 샌드위치 신세답게 앞뒤를 챙기는 책임과 부양만 떠맡는다. 수면 아래에서 곪아가는 중년 문제가 적잖은데도 방치되며 악화된다. 그들의 가슴엔 분화가족의 의식주를 책임질 1인분 이상의 독립된 성인 명찰만 붙어 있을 뿐, 의존이나 보호를 뜻하는 인식표는 애초부터 없다.

폐쇄은둔족의 히키코모리가 일찌감치 등장한 일본은 이제 그들의 중년화에 봉착했다. 갈수록 사회문제로 번지자 이를 8050문제로 칭하며 주목하기 시작했다. 이는 무직빈곤, 자택고립의 중년자녀(±50세)와 연금소득, 유병생활의 노년부모(±80세)가 빚어낸 신현상으로 갈무리된다. 80대 유병부모가 50대 은둔자녀를 먹여 살리는 기현상을 나이대로 엮어 8050문제라 부른다. 불상사는 반복된다. 생활고로 인한 동반자살, 동시 고독사, 연금수급을 위해 부모 죽음을 은폐하는 사건까지 잇따른다. 부모가 사망한 후 굶어 죽는 자녀 관련 뉴스도 심심찮게 나온다. 고독사 중 65세 미만의 중년 사례가 51%에 달한다는 통계도 있다.[54] 상당수는 중년의 아들딸로 부모에게 의존하다 부모 사망 후 심리적 상실과 경제적 무능이 합쳐져 비극으로 막을 내린 경우다.

전업자녀의 미래환경을 뜻하는 고령의 유병부모와 중년의 의존자녀가 결합한 빈곤, 고립형 동거조합은 이미 예고됐다. 시간 경과가 불러온 연속 불행이다. 그만큼 일본에선 시간이 꽤 흘렀다는 얘기다. 청년 시절 가족분화 및 사회 데뷔 없이 20~30년을 보내면서 현역이던 부모세대는 은퇴 후 유병 노령이 되고 곳간은 바닥나기 시작했다. 선두 그룹은 무직으로 자립 의지조차 없이 부모에게 기대던 청년 니트족의 중년연령 도달에서 확인된다. 일본사회가 장기 복합불황에 빠진 1990년대부터 시작됐으니 꽤 시간이 흐른 것이다. 특히 전업자녀의 촉발 기제인 취업난도 이때부터 본격화된다. 이른바 취업 빙하기라 불리는 전후 역사상 최악의 청년 취업난 때문에 적잖은 아들딸들이 부모의 그늘로 스며들었다. 그들이 현재 ±50세를 지나며 부모를 잃고 의존 자녀의 갈 길도 잃어버렸다.

8050문제→9060문제, '부모사후 전업자녀의 디스토피아'

염려는 깊다. 기우(杞憂)만은 아니다. 숫자도 많고 파장도 크다. 늙어가는 아들딸에게 초점을 맞춰보자. 이대로면 '9060문제'는 기정사실이다. 부모의 경제력이 사라지면 유일무이한 돈줄은 노후연금뿐이기 때문에 잠재적, 동반적 빈곤 공포는 상당하다. 부모 생전은 괜찮을지 몰라도 사후에

남겨진, 경제적으로 무능한 중년의 전업자녀는 빈곤과 고립, 질병이라는 새로운 사회문제를 낳는다. 헐어서 사용한다는 점에서 서로를 떠받치던 세대의 의존구조도 붕괴된다. '중년인구 = 경제활동'이란 점에서 정책조차 중년은 품어 안지 않기에 위기감이 높다. 저출생과 고령화에 감춰진 중년고립의 단면이다.

이 역시 가려지고 감춰져 있어서 정확한 통계를 내기는 어렵지만, 폐쇄은둔족을 최소/최저치 전업자녀로 본다면 추론은 가능하다. 일본의 경우 115만 명이 집 밖을 거부하는 폐쇄은둔족인데, 그중 8050문제의 당사자와 전후연령을 합한 40~64세는 61만 명으로 계산된다(내각부, 2019). 최후의 인구증가기인 90년대 청년부터 시작된 데다 이전의 부모세대에게는 낯선 자녀 현상이란 점에서 지금은 연령대 중 최대비중을 차지한다. 청년과 노년 인구를 합친 수보다 많다. 고립되거나 무직일 수 없는 중년 등장인지라 긴장감이 높다. 원인은 전업자녀론과 닮아 있지만, 상당수가 직장을 경험했고 대부분 정규직이었다는 차이점이 있다.[55] 같은 취업난이나 '정규직원 → 전업자녀'로 연결된 흐름은 특이하다. 장기불황이 '실적악화 → 비용절감 → 해고증가 → 무직귀소(歸巢)'로 내몰며 중년 자녀의 삶을 뒤튼 것이다.

8050의 중년이 된 전업자녀를 괴롭힐 딜레마는 취창업 등 독립생존을 위한 재도전의 영구상실로 수렴된다. 일본이 살아 있는 증인이다. 의존이 길어질수록 독립은 힘든 법. 자립 중년의 평균궤도에서 이탈하면 복귀 루트가 막히는 경직적인 사회구조는 한국과 일본의 공통점이다. 불행의 자기책임화가 강한 사회여서 고립 탈출을 위한 외부 도움도 기대하기 어려우며, 기간이 길어지면 부모의 도움도 제한적일 수밖에 없다. 중요한 건 행정개입이지만 아직은 힘들다. 중년고립을 취업지원, 심리치료 등으로 제도화했지만 성과는 미미하다. 저항감, 거부감과 함께 낙인효과도 커 불행의 심연 속으로 가라앉는 모습이다.

전업자녀의 기대효과 중 하나는 가족복지의 수급교환인데, 8050문제는 이를 노노돌봄으로 바꿔버린다. 살림, 돌봄 등 가사업무의 수요와 무직, 동거 등 유휴자원의 공급이 맞물린 전업자녀의 단순모델이 고령화와 만나면 부모 자녀 모두 노령 이슈로 내몬다. 즉 9060문제를 감안하면 노인이 노인을 돌보는 가족복지의 내부완결이 시작된다. 처음엔 긍정적이었으나 종국엔 부정적인 이유는, 세대교환의 무기였던 가계자산이 증발되기 때문이다. 그렇다면 전업자녀의 계약종료는 불가피하다. 제대로 독립해 가족분화를 완성한 자녀조차 부모를 간병해야 하는 상황이 발생하면 가계가 흔들릴 지경인데, 하물며 부모에게 경제적으로 의존하면서 동거중인 전업자녀에게 노노돌봄은 상당 수준의 일상 붕괴를 의미한다. 더욱이 부모 사후 고령화된 전업자녀를 위한 돌봄제공은 안전망조차 없다. 가족복지가 끊긴 탓에 자녀봉양은 원천차단인 셈이다. 초고령화 한국사회에서 전업자녀가 견뎌내야 할 유력한 디스토피아다.

3장

전업자녀를 둘러싼
몇몇 논점

1.
백수론을 안착시킨 한국형 고용제도

현대경제학은 자녀를 재화로 본다. 냉정한 접근인데 부모에게 만족(효용)을 주는 소비재와 같다고 여긴다. 따라서 공급(출산)은 결정권자인 부모가 느끼는 수요 라인(욕구수준)이 치러야 할 지불 가격을 웃돌 때 발생한다. 물론 자녀를 재화로만 해석하는 건 특유의 무한가치를 보면 합당하진 않으나, 수급결정의 분석근거로는 꽤 설득적이다. 문제는 자녀의 비용대비 편익의 값어치가 폭락한다는 점이다. 경제학의 핵심논리인 투입대비산출, 즉 가성비로 따져보면 원가조차 건지기 힘들다. 따라서 ±0.7명대의 출산율은 부모의 합리적 효율적인 의사결정이 만들어낸 숫자다.

강조컨대 자녀효용을 돈으로 잴 수는 없다. 하지만 부유하고(경제력) 똑똑할수록(고학력) 덜 낳고 안 낳는 저출생을 택한다는 현실을 보면 상관성을 부인하기 어렵다. 전업자녀도 원가 뽑기가 요원해져 아들딸을 거부, 포기한 부모의 판단이 한몫했다. 동시에 저출생 중 태어난 적어진 자녀 그룹은 자연스레 희소자원으로 등극한다. 이왕 낳았다면 우수한 인재로 키워 남는 장사를 해보고픈 욕망이 꿈틀댄다.[56] 따라서 전업자녀는 시대현상이다. 질타나 부정한다고 막을 수 없다. 피할 수 없다면 인정하고 활용하는 편이 낫다. 그들 탓만 하기엔 전업자녀의 길로 내몬 부모세대의 방관과 압력도 상당하다.

물론 부모세대도 억울할 것이다. 아들딸 잘 키우려는 일념 하나로 한평생 희생하고 고생했는데, 전업자녀의 경로이탈을 부모 탓으로 돌리면 허탈하고 먹먹하다. 열심히 살고자 아등바등했을 뿐인 부모자녀를 소환해 편 갈라 서로 공격하도록 만들 필요와 이유는 없다. 차라리 개별세대의 합리적 인생전략이 갈등유발보다 가치창출이 되게끔 조정해야 한다.

비용대비 편익 떨어진 아들딸… '소중해진 희소자원 대접'

그렇다면 전업자녀를 정확히 이해하고 정밀히 분석하는 일이 중요하다. 각자의 선택에 내몰릴 수밖에 없는 소소한 배경과 큼직한 구조를 함께 살펴보자. 단순화해도 전업자녀의 본격 출현은 과거질서와 부딪힌 현재상황이 불러온 구조갈등의 미스매칭일 혐의가 짙다. 독립자녀로 살아갈 환경조건이 아닌데, 그 길에서 비켜섰다고 백안시해본들 문제를 해결하기 어렵다. 현상이면 받아들이고 문제라면 풀어내도록 부모자녀의 공동전선이 필요하다. 그 대상과 방향은 구조개혁이다. 시대변화에 맞도록 인식, 제도, 정책 등 사회질서를 재수정해 전업자녀를 포함한 최적의 가족 모델이 안착되게끔 시선을 넓혀 접근해야 한다. 왜 나왔는지, 뭐가 문제인지 알아야 개혁할 수 있다.

전업자녀는 독립을 포기하는 데서 출발한다. 왜 부모 품을 떠나지 않을까? 몸은 떠나도 끈을 움켜쥐는 이유는 뭘까? 기저엔 나 홀로 가족을 못 꾸리는 돈벌이의 막막함과 고단함이 위치한다. 단순한 노동집약에서 벗어나 조금이라도 우수한 인적자원을 향해 숱한 돈과 시간을 투자했건만, 갈수록 졸업 이후 진행경로가 막혀버린 것이다. 26세에 졸업해 31세 취업(상장대기업 평균)이니 20대 전체가 늘어난 투자기간에 해당한다. 길게라도 뽑으면 가성비를 보완할 텐데, 은퇴는 오히려 49세로 당겨진다. 18년을 벌어 전반 31년과 후반 39년, 도합 70년을 버틸 재량은 사실상 전무하다. 입구는 막혔고 힘겹게 뚫어도 출구가 바로라 연애, 결혼, 출산, 양육의 전통적인 가족분화는 불가능한 미션에 가깝다. 벌어 쟁여야 할 현역구간의 불안전성과 불확실성이 부

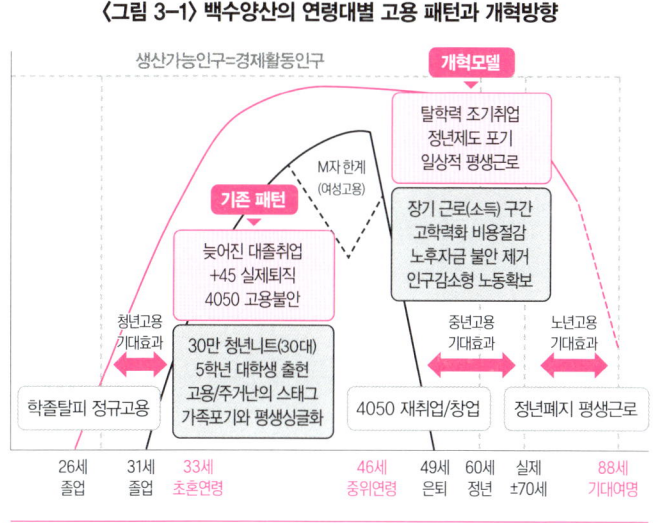

〈그림 3-1〉 백수양산의 연령대별 고용 패턴과 개혁방향

모지원형의 전업자녀를 양산했다. 연령대별 고용패턴의 현실한계와 개혁방향을 비교하면 전업자녀는 필연에 가깝다 (그림 3-1).

이로써 희소자원인 아들딸을 둘러싼 부모의 선행투자 및 장기투자는 일상화된다. 현재투자는 미래수익을 전제로 집행되지만, 이 투자는 최저 마진은커녕 원가경영조차 힘든 판이다. 차라리 경제적 사고체계를 아예 버리는 게 속편하다. 미래 부모가 돼야 할 MZ세대가 가족결성을 연기 하거나 포기하는 이유다. 원가는 오르고 수익이 별로면 비즈니스는 접는 게 낫다. 아니면 가성비를 높여 손익분기점 이상으로 원가를 절감하고 수익을 늘려야 한다.

문제는 뾰족한 셈법이 없다는 점이다. 되레 저성장, 재정난, 인구병의 예고된 미래는 가시밭길로 귀결된다. 명백히 원가는 높고 수익은 낮은 투자다. 반면 현재의 부모에게 적어서 소중한 자녀를 향한 전폭적인 지원은 여전히 진리이자 상식이다. 자기중심적인 X세대 일부 부모가 자녀를 향한 자원투입을 조정한다지만 미약하거나 희박한 현실이다.

노동집약형의 추격이론 실현전제 '고출생 일자리형 인구 보너스'

원래는 그렇지 않았다. 독립분화와 가족결성은 당연한 추세였다. 자녀의 1인분화는 노동집약형의 추격이론을 실현하는 사회질서이자 기본값이었다. 즉 성장함수(Q = f(L, K))를 제대로 풀어냈다. 출발은 노동투입형의 성장경로부터다. 전쟁 이후 베이비부머로 표현되는 사람을 잘 활용해 인구 보너스를 달성했다. 거대인구, 저렴몸값, 우수인재의 삼박자에 수출주도형의 고속성장이 본격화했다. 숫자는 많고 몸값은 싼데 교육까지 잘 받은 인구는 '노동투입 → 소득확보 → 조세확충'을 통한 자본축적으로 연결되어 한강의 기적을 고도로 현실화했다. 압축성장은 결국 인구공급이 만들어낸 '노동(L) → 자본(K)'의 승수효과 덕이다. 앞서 선진국에 진입한 선행국가의 존재감도 컸다. 선진국의 선행경로를 좇으며 저비용, 고성과의 벤치마킹을 완성했다. 경제추격(Catch-Up)론의 실현이다.

부모세대는 이렇게 오늘에 이르렀다. 경제성장을 이끌고 또 그 덕을 보며 이전 세대에게서 바통을 이어받고 편익을 증진했다. 자녀로서, 부모로서 적정연령대에 따른 생애 이벤트도 꽤 충실히 결행했다. '졸업 → 취업 → 승진 → 정년 → 은퇴'의 밥벌이 인생경로가 그렇다. 이 루트에 '연애 → 결혼 → 출산 → 양육'의 가족분화가 오버랩된다. 즉 탄탄한 밥벌이가 있었기에 독립가족의 분화승계가 이뤄졌다. 가진 것 없는 2030세대가 피부양가족(자녀)을 두는 고위험 카드인 가족결성을 작심한 이유도, 비록 지금은 부족하지만 나중엔 좋아질 거란 뚜렷한 향상심과 확실한 뒷받침의 정황증거가 있었기 때문이다. 많아지고 커져가고 늘어나는 고성장의 인플레라면 부모에게 자녀는 남는 장사였다.

실제로 고용제도는 가족분화를 이끌고 밀어줬다. 노동집약과 우수인재가 전제되면 가족형성에 문제는 없었다. 고성장 덕에 일자리는 넘쳤고 협상력은 구직자가 쥐었다. 일괄채용 후 사장발탁을 목표로 정년 정규직의 생활형 연공서열을 적용받았다. '채용 → 교육 → 임금 → 평가 → 보상 → 승진 → 퇴직' 등의 고용구조는 고출생형 인구 보너스와 연계하며 안착했다. 한국 특유의 주거, 교육, 의료, 노후와 관련된 생활복지형 공급체계를 회사가 맡는 기업복지가 탄생한 배경이다. 대기업, 정규직, 노조의 3박자는 성공한 인생을 의

미했다. 그만큼 안정적인 장기고용 관행은 일종의 질서였다. 단 이 게임의 규칙은 외환위기까지였다. 저성장과 함께 고용환경은 악화일로를 걷기 시작했다. 덜 뽑고 안 뽑거나 뽑아도 짧게 쓰는 경향이 짙어졌다. 신입보다 경력을, 정규직보다 비정규직을, 연공형보다 계약형을 낙점했다. 얼어붙은 고용시장과 굳어버린 산업특징은 자녀세대를 실업공포의 취업난에 내몰았다.

조로사회 불협화음이 빚어낼 '실업 그 너머의 무업'

괴로운 청년은 달라진 선택과 새로운 인생을 꾀한다. 올해보다 못한 내년이면 미래편익을 위한 현재고통을 교환할 이유가 없다. 일자리에 아등바등할 동기도 약해진다. 보상도 유인도 역부족인 까닭이다. 인생 살아본들 큰 낙도 없으리라 여기니 눈앞에만 충실하며 하루를 보내는 식이다. 일종의 조로(早老)사회를 부추기는 것이다. 청년주체가 불러온 늙어버린 인구구조가 이를 상징한다. 늙어버린 청년의 약탈당한 미래가 불러온 한국형 불협화음이다. 늙어버린 제도와

관행을 재검토해 시대변화에 맞는 신질서로 재편하는 과제는 어느 세월에 할지 알 수 없는 상태다. 와중에 조로사회가 낳은 일자리 등 한정자원의 무한경쟁만 심화된다. 아들딸이 본능적, 정상적인 경로를 버리고 독립을 포기하며 부모에게 의존하는 새로운 길에 들어선 이유다. 그래서 전업자녀는 조로사회의 속빈 강정을 충실히 채워줄 넛지로 제격이다.

청년이 없는 미래는 있을 수 없다. 쉬었음의 '떳떳한 백수'가 흘러넘치면 실업은 고착되고 경제는 멈춰 선다. 일하지 않는 청년이 불러올 미래사회가 밝을 수는 없다. 실업을 넘어 무업(無業)[57]까지 염려된다. 청년 인구의 장기 무업은 단순한 개인의 문제를 넘어 사회 전체의 지속 가능성을 훼손한다. '일하고 싶어도 못하는' 구조적 한계 때문이라면 더더욱 위험하다. 고립은 깊어지고 마음은 어지러우며, 비용은 늘어나고 수입은 줄어든다. 장기불황, 유연고용이 기본값으로 장착된 사회일수록 분화를 포기하고 부모에게 의존하는 전업자녀형 장기 무업화는 심화된다. 그나마 실업은 숫자로 잡히지만, 훨씬 많고 광범위한 무업은 공식통계로도 확인할 수 없다. 고성장 수혜를 입은 부모세대 덕분에 무직

크레바스를 버텨내지만, 8050문제처럼 앞날은 갑갑하고 황망할 뿐이다.

한국보다 빨랐던 일본의 청년 무업은 이제 하나의 사회 경로로 굳어졌다. 대학을 나와도 취업이 힘들어 지속적인 트렌드가 됐다. 한국만큼 첫 직장의 평생 배지가 힘을 발휘하는 사회인지라 신졸취업이 아닌 한 후폭풍은 거세진다. 그렇기 때문에 시간이 걸려도 원하는 첫 단추를 끼울 때까지 기다린다. 아니면 경력을 복구하기 어렵다. 부모지원은 양날의 칼이다. 부모지원의 무업 상태는 1인분으로의 사회복귀를 방해한다. 그나마 부자 부모는 낫지만 그저 그런 부모 자산이면 시기의 문제일 뿐 동반 몰락이 불가피하다. 반면 전업자녀의 딜레마인 구직의사조차 잃어버린 한계청년을 위한 정책지원은 미약하다. 어쨌든 무업 함정에 빠져서는 곤란하다. 일을 통해 청년과 미래를 논하는 기회가 절실하다.

2.
똑똑해진 아들딸의 자연스런 백수카드

"왜 졸업, 취업, 독립, 결혼, 출산하지 않는가?"

청년이 달라졌다는 데 이견은 없다. MZ학생이 캠퍼스로 들어오면서 이들과의 커뮤니케이션을 조언해 주는 학내 프로그램까지 생겨났을 정도다. 교수들 상당수가 "요즘 학생들은 알다가도 모르겠다"는 말을 입에 달고 산다. 그들의 전혀 알 수 없는 내면세계와 감정표출은 왕왕 날카롭되 생뚱맞다. 일본 청년도 비슷한 모양이다. 정신의학과 교수가 쓴 《청년의 속내(若者のホンネ)》란 책은 "부모세대는 요즘의 청년자녀가 뭘 생각하는지 모른다"로 시작한다. 희망사항 1순위가 개나 고양이 같은 반려동물이란 설문조사에선 아연실

색할지도 모르겠다.[58] 하기야 일본만 그럴까. 우리는 더 심할 듯하다.

책에 따르면 '위험하지 않은데, 쓸모는 많고, 부담조차 없는 것'이 현대청년의 관심사다. 그렇기에 겉은 담담하고 쿨하나, 속은 불안하고 갈등한다. 잘 살려는 욕망과 끝없이 검증 받으려는 피로가 뒤섞인다. 경쟁에서는 승리보다 관계다. 질투조차 없는 듯한 무심함엔 말 못할 고민과 검열이 숨어 있다. 가족이 있으면 좋지만 없어도 괜찮다. 경제적 불안과 관계에서 오는 피로에 연애부터 포기한다. 연애는 스트레스에서 잠시 벗어나는 여가활동이자 관계소비다. 계획과 헌신이 전제된 동반, 반려는 별로다. 아니면 가상의 이차원적인 사랑이다. 실제 위험 없는 가상만족을 좇는 현대판 연애회피다. 그러니 시간이 필요하고 안정을 우선한다. 모두 부모지원형 전업자녀의 출현조건으로 수렴한다.

전업자녀를 둘러싼 확인논점 중 하나는 '날것 그대로의 속내'다. 전업자녀의 방아쇠를 당긴 취업난에 맞서왔던 그들의 진짜 속내를 알아야 활용전략을 찾을 수 있기 때문이다. 시대변화가 불러온 외부 압력만큼, 또는 그보다 더 강력

〈표 3-1〉 시대별 자녀상 비교

시대	사회배경	자녀상	필요조건
1970년대	산업화. 도시화. 가족주의. 효도문화. 봉양의무	부모봉양. 부모의사 우선존중. 가업승계. 가족우선. 장남중심	입신양명. 결혼출산. 성실근면
2000년대	외환위기. 감축성장. 핵가족화. 맞벌이. 개인주의	경제독립. 부모존중. 자율선택. 동반관계. 전체부양	안정직장. 부부협력. 부모소통. 자립존중
2020년대	주거난. 취업난. 만혼·비혼. 출산포기. 장기동거	심리적 독립중시. 생활동반. 경제협력. 세대돌봄. 선택부양	경제능력. 다양가치. 비혼수용. 지속가능

한 스스로의 내적결심이 전업자녀의 진입문을 열었을 수 있어서다. 외부적, 거시적인 상황변화도 심하지만 내부적, 미시적인 인식전환이 더 결정적일지 모른다. 똑똑해진 아들딸의 자연스런 백수 카드 중 하나로 떠오른 전업자녀는 퇴행한 선택이 아니라 진화한 도발이라는 가설이다. 실제 경직적인 고용제도에 맞서 청년자녀의 일자리를 둘러싼 개념이나 취지, 목적이 달라졌을 확률이 높다. 늘어난 '그냥 쉬었음'이 유력한 증거다.

희망사항 1순위가 반려동물, '그냥 쉬었음'의 분해 필요

우리가 알던 전형적인, 그럼직한 청년은 사라졌다. 기존제도가 강제한 고군분투의 생존투쟁이 촉발한 반복된 번아웃 탓만 하기엔 그들의 변심구조는 복잡다단하다. 직관적인 풍경은 청년소비의 감소 및 포기로 확인할 수 있다. 쉴 수밖에 없어 그냥 쉬니 소비는 사치에 가깝다. 현재에 집중한 욜로(YOLO)라지만 자동차나 여행, 술자리 같은 청년 특유의 소비영역은 축소된다. 가족분화의 표준 모델까지 비켜서니 가족해체는 더 이상 예외가 아니다. 부양은 포기하고 효도는 불능이니 먹여줄 엄마도 벌어줄 아빠도 진즉에 거부한다. 치열한 각자도생 속 1인분의 책임사회는 사라진다. 시스템이 무너져 감당하기 어려운 한국사회는 아들딸의 존재 이유를 설명할 기준 잣대 없이 유령처럼 떠돈다.

똑똑한 자녀는 새로운 경로를 찾는다. 길이 없는데 뒤를 따르라는 충고는 '노 땡큐'다. 전업자녀는 이렇다 할 인정을 받은 경험이 없는, 이력공백의 무력(無歷)세대가 만들어낸 인구경제학의 산출결과다. 비정규직의 도돌이표와 탈출구 없는 경력단절을 이겨낼 공존형의 신 시스템이다.

다행히도 그들의 실질기여인 무급노동이 재조명되며, 무직은 더는 비정상이 아닌 새로운 노동배분으로 설득된다. 이력에는 빈칸이 있을지언정 생활에는 공백이 없어서다. 2040세대의 쉬었음 ±100만은 결코 소수파가 아니다. 신공동체답게 무직, 무위는 행복을 위한 전략이자 실패가 아닌 실험에 가깝다. 기성질서 밖에서 생활을 타진하고 행복을 모색하는 청년인구의 뭇 현상을 모아낸 결정판이다. 암울한 패배 그룹에서 새로운 사회전환의 신호탄이 터질 때 지속 가능성은 시작된다.

한때 유행한 '득도(得道) 청년'은 전업자녀의 예고판이다. 달라진 자녀속내를 가늠할 유력현상답게 자연스런 백수지향이 확인된다. 출발은 본능분출을 가로막은 억압구조였지만, 똑똑한 아들딸은 이를 승화흡수 후 전업자녀로 전환했다. 원류는 일본이다. 90년대부터 초토화된 일본경제를 체감하며 현실자각, 자기풀넘의 신조어로 '득도세대(さとり世代)'를 낳았다. 이후 불가능한 욕망실현에서 수용적인 진화모델로 점차 개편된다. 환경적응의 새로운 생존방식이니 훈계형 왈가왈부는 거부하며 가족도 필수는 아니다. '결혼 =

성공, 출산=어른'의 공식에 크게 공감하지도, 가치를 느끼지도 않는다. 경제력이 없어 결혼이 불가능해진 남성 그룹이 특히 그렇다. 그 대체재로 저비용, 저위험의 소소한 관계를 찾는다. 거대책임의 가족결성보다 자녀 멤버로 작지만 확실한 안락과 안정을 추구하는 것이다.[59]

쉬었음 100만이 불러낸 득도청년 '자녀로만 충실하게'

전업자녀의 특징 중 하나는 미래의 부재다. 미래 편익과 현재 고통의 교환 모델이 안겨줄 인내 가치는 희석된다. 야망과 비전이 실종한 시대다. 도전이 없으니 체념만 커진다. "일단 하지 말자", "지금 이대로가 좋아"는 전업자녀의 입버릇이다. 작지만 은근한 행복, 불편해도 안전한 생활을 부모에 의탁한다. 축소된 자녀의 욕망을 바라보는 부모세대도 달라지기 시작했다. 전형적인 '더하기'의 사고방식을 버린다. 왕년의 자신들은 기대할 수 있었기에 열심히 살아간, 청년이면 당연하다고 생각했던 자세를 자녀에게 강요하지 않는다. 미래에 대한 욕망과 누구든 걸어간 가족분화 속의 평균 대비 훌륭했던 인생은 그들에게서 끝났다고 여긴다. 더욱이 전업자녀 자체가 예외나 문제라는 의식도 줄어든다.

인생 살아본들 그게 그거란 식의 득도한 청년들의 출현은 상류로 가기 위한 노력 대신 무위한 현실의 하류를 지향한다. 이쯤에서 많이 배운 아들딸의 합리적 의사결정이 등장한다. 즉 선배세대는 가치창출을 위해 위험경로를 택했고 권리확보에 성공했기에 교육 및 노동을 통한 사회참여에 매진했다면, 현대자녀는 힘들고 불쾌한 시간투입에도 불구하고 그만큼의 보상이 확실하지 않은 미스매칭에 봉착했다. 교육과 노동에 대한 불신이 자발적인 계급 하락을 낳은 것이다. 교육만 해도 등가교환의 상품이 아닌지라 본질적 의미(자기성장)보다 학습 = 불편 → 회피'의 폐색회로를 택한다. 에리히 프롬(Erich Fromm)도 거든다. 힘겨운 자유보다 안전한 의존이 현대청년을 교육 및 노동에서 분리하는데, 단순한 나태 문제가 아닌 불안회피의 심리구조로 본다.[60] 그 지향공간이 부모 품인 본가귀환으로 연결된다.

그럼에도 불구하고 '일'이 전부다. 일은 나라의 경제 상황을 상징하고 가정의 소득구조를 규정하는 최대범위의 기초변수다. 호구지책의 일만 잘 살펴봐도 과거와 현재, 미래까지 어렵지 않게 추정할 수 있다. 더욱이 일에 예외는 없다. 물리적 근로가 제한된 유년과 노년을 제외하면 누구든 일하고 있고, 일해야 한다. 일이 없거나 일하지 않는 상황은 비정상적이고 비상식적이다. 특수한 사례가 아닌 한 소득확보형 생산활동은 필수불가결하다. 그런데 전업자녀는 이 부분에서 상식 밖으로 튄다. 고정관념일지언정 여전히 '직업 = 자녀'라는 등식으로 전업자녀를 바라본다. 괴이하고 답답하다.

교육, 노동 이탈의 하류지향 위험사회론 '백수에서 자녀로'

기성세대에게 자녀는 직업일 수 없다. 독립분가로 2차형 파생가족을 결성하는 게 표준이다. 잠깐의 지체는 몰라도 지속된 정체는 곤란하다. 부모 미션 중 1순위가 당당한 자녀 독립 아니던가. 인류의 역사도 그랬고, 뼛속까지 박혀 있는 상식도 그렇다.

그런데 어느덧 일 없는 백수자녀가 등장하며 부모 속을

끊여댄다. 연기가 반복되면 포기로 귀결되듯 잠깐의 청년백수는 반백의 중년백수로 넘어간다. 전업자녀를 평가절하하는 이유도 '백수자녀 → 전업자녀'의 연결경로 탓이다. 당연한 근로준비는커녕 계획한 독립의지조차 없는, 당당하고 되바라진 장기동거형 자녀출현이다. 소수지만 이를 감싸는 부모도 등장하기 시작했다. 그러나 여전히 백수가 직업인 전업자녀를 향한 사회의 시선은 모호하고 불편하다.

앞으로는 달라진다. 급변한 일과 일자리의 미래를 보건대

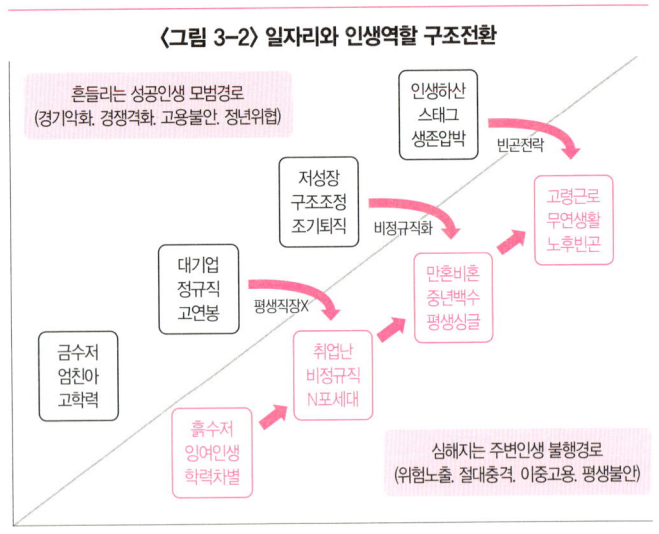

〈그림 3-2〉 일자리와 인생역할 구조전환

전업자녀의 대량출현은 시간문제다. 경기악화, 경쟁격화, 취업불안, 정년위협 등 한국형 고성장모델을 완성해온 고용 시스템이 근본부터 뒤틀린 결과다. '금수저, 엄친아, 고학력'이 올라탄 '대기업, 정규직, 고연봉'의 성공인생과 모범경로는 퇴색됐다. 평생직장은 사라졌고, 잘 버텨도 저성장의 그림자는 구조조정 및 조기퇴직을 압박한다. 비정규직화의 공포는 커져간다. 그렇게 늙어가면 인생 하산기 스태그(성장지체, 물가상승)의 생존 압박은 피할 수 없다. 빈곤전락의 사다리행이다. '흙수저, 잉여인생, 학력차별 → 취업난, 비정규직, N포세대'의 연결경로는 확정이다. 이후는 '만혼비혼, 중년백수, 평생싱글 → 고령근로, 무연생활, 노후빈곤'이 컨베이어벨트처럼 하류인생의 불행경로를 재촉한다. 이는 위험노출의 절대공포와 맞닿는다(그림 3-2).

모범경로를 걸어도 일자리는 불안하다. 일자리를 위협하는 지뢰밭이 곳곳에 숨어 있다. 넉넉히 뽑아 적당히 줬던 고성장형 산업구조와 고용제도의 유통기한이 끝난 결과다. '좋은 일자리'는 절대적으로 감소했다. 양질의 고용 덕에 가능했던 2세대의 자녀독립, 가족분화가 연기 또는 무산되는 근본 이유다. 일자리가 변하니 부모 세대의 바통을 이어받아 또 다른 부모로 살아가던 후속세대의 전략적 전환은 자연스러운 현상이다. 과거 모델의 재검토와 전업자녀의 선택지가 접촉한 배경이다. 이를 탓하려는 색안경은 필요 없다. 백수자녀의 인생포기로 여기기보다 전업자녀의 선택가치에 주목하는 편이 합리적이다. 기성세대가 고성장 덕에 손쉽게 얻었던 장기적, 안정적인 좋은 일자리는 아무리 둘러봐도 늘어나기 어렵다. 불가능하진 않겠지만 꽤 많은 구조개혁이 전제된다. 와중에 전업자녀는 아닐지언정 유사 형태로라도 살고자 발버둥 치는 아들딸들의 달라진 존재와 역할이 투영된 선택지는 늘어날 전망이다.

하류 지향의 '위험사회론'[61]이 더 번지면 곤란하다. 그 상황을 막아낼 첫 단추는 일자리다. 고용불안, 복지붕괴, 가족해체 등 예측하기 어려운 위험성과 불안정을 줄여야 한다. 그만큼 누구든 위험군에 포함될 수 있는 사회다. 그런데도 빈곤이나 실패 등은 개인의 책임으로 귀결된다. 노력 없는 빈곤을 어쩔 수 없다면 사회연대는 설 자리가 없다. 스스로 죄책감 속에 함몰되는, 위험한 사회의 약자 그룹이 바로

청년세대다. 저성장형의 노동불안에 노출되며 부모세대처럼 '고학력 → 정규직'의 안정루트에서 벗어나면 인생 전체가 힘겨워진다. 배우지 않고 일하지 않는 선택지는 위험을 감당하기 두려워 회피하려는 구조붕괴의 산물로 볼 수 있다. 문제는 이런 태도가 더 큰 불안정으로 이어지며 악순환을 만든다는 점이다. 이로써 똑똑해진 현대청년은 배우지도 일하지도 않는 하류 지향에 빠지고 만다.

3.
1인분이 불붙인 평생 싱글의 경제학

지속 가능성은 인류가 추구하는 최대의 가치다. 철학도 사람도 사업도 계속성을 갖자면 연결과 존속이 기본 조건이다. 당대에 끊기는 건 치욕이자 오명에 가깝다. 인류는 그렇게 여기까지 왔다. 아랫대가 윗대의 연결고리를 무난히 이어받으며 단절 없이 지속해 왔다. 가족과 사회의 세대전승 덕이다. '선대는 남겨두고 후대는 이어주자'란 슬로건은 DNA로까지 각인된다. 가족은 최대한 본인과 닮은 인간을 복제, 전승하는 최소단위다. 생물학적인 본능이 번식욕구로 실행된 것이다. 가부장제의 부계사회는 유독 더하다. 잇기 위해 산다는 말까지 들린다.

그게 끊기는 중이다. 언제까지나 이어질 줄 알았던 본능적인 핏줄의 생산이 끊어지며 멈췄다. 가족결성의 중단과 단절이다. 선대와 후대가 만났던 바통터치 접촉구간은 갈수록 벌어지고 멀어진다. 이로써 가족결성의 임무교대는 예외값(Outlier)이 됐다. 대신 기본값(Default)은 통계적 저출생, 직관적 전업자녀로 재설정된다. 혈연주의의 기대효과는 자본주의의 원가폭증 앞에 설명력을 상실한다. 길어지고 팍팍해진 현재가 당연하게 지속되던 미래를 끊어낸 것이다. 한국사회는 이질적인 위화감조차 느낄 여유가 없다. 대를 잇는다는 분화행위는 숨쉬기조차 힘든 현재의 압박에 패배했다.

아우르면 1인분 인생살이는 전업자녀를 키워낸 원죄다. '강요된 1인분 → 활로의 1인화'로 번지며 제 앞가림조차 힘들어 혼자(분화포기)를 택한 대안이다. 지금은 부모 슬하에 있지만 결국엔 홀로일 수밖에 없다. 1인 가구도 전업자녀의 확장 버전이다. 부모에게서 독립한 상태면 낫지만, 1인분조차 힘들면 남은 선택은 본가로의 귀환뿐이다. 1인분은 독신 생활이 대세라면 챙겨볼 논점이다. 이때 1인분은 가족역할에 맞춘 최소임무 및 완성잣대로 정의한다.[62] 1인화는 1인분이 무너지며 가속화된다. 보통인생으로 상정한 1인분의 사회경제학이 빠진 함정이 나홀로의 출발이다. 전업자녀도 '1인분의 사회질서'가 흔들린 결과다. 아빠의 입신양명과 엄마의 현모양처로 꾸려진 4인형 표준가족 모두 1인분을 실현하기 힘들어진 것이다. 똑똑한 아들딸은 '엄빠의 1인분'이라는 미션에 실패하며 '엄빠와 함께'를 택한다. '비정규직=반인분'인 사회생활 중 보통청년이 지켜낼 가족은 없다.

1인화를 재촉한 1인분 사회질서 '나홀로의 시대압박'

우리가 생각해볼 것은 평범한 보통사람을 뜻하는 1인분의 분해다. "왜 우리는 아들딸에게 1인분을 강요하는가?"에 관한 이슈다. '가족임금'은 이때 유효하다. 근대가족의 보급논리를 지지해온 개념으로 남성은 피부양자들을 먹여 살릴 가족임금, 즉 추가임금을 버는 게 전제다. 여성은 전업주부로 가치화해 1인분의 기능과 자격을 인정하는 형태다. 최소한

정규직 일자리가 가족부양을 맡은 가장의 1인분을 뜻한다. 문제는 반인분의 비정규직은 좁혀지고 획일화된 1인분 일자리와 가족임금을 받기 어렵다는 점이다. 1인분일 때 타인 승인을 획득한 보통사람인데, 그 길이 막혀버렸다. 1인분은 '개인 → 집단 → 사회'의 경로로 인정되는데, 기업이 흔들리니 보통사람은 힘들어진다. 또 하나의 집단인 가정도 연쇄충격을 받는다. 즉 1인분 붕괴구조는 회사에서 시작해 가정으로 비화한다. 가족 전원이 각각의 1인분을 좇으며 현대사회를 열어젖힌 것까진 좋은데, 시나브로 반전기류에 봉착한 것이다. 이미 세상은 1인분과 반인분을 구분하고 관리하면서 고용의 이중구조를 심화한다.

강요된 1인분과 모색된 1인화의 연결지점에 독립분화를 뜻하는 결혼이 존재한다. 이대로면 결혼은 가치쇠퇴 속 제도수정이 불가피하다. 결혼의 재구성이다. 결혼의 의미와 역할은 시대에 맞춰 변화한다. 근대화가 완성한 경제가치, 통제수단으로서의 결혼은 시한이 만료됐다. 지금은 개인의 행복까지 합쳐져 어쩌면 인류 역사상 가장 변화량이 큰시대가 펼쳐졌다. 복합적이고 포괄적인 서비스 관계인 결혼은 타자와의 공동체 구축을 뜻하는데, 개개인은 점점 많은 과제를 부여받고 있다. 그래서 과제를 귀찮아하고, 관계에서 완전히 벗어나고 싶은 생각도 크다. 그렇다면 결혼은 결국 사라질지 모른다. 최소한 가계유지, 부권확립, 경제통제의 사회 목적은 희박해졌다.[63] 그래서 택한 게 전업자녀라면 과장은 아닐 터다. 자유와 선택지가 커지면서 심사숙고도 늘어날 수밖에 없다. 자칫 본인의 피해가 커지고, 무거운 압박도 알기에 홀로를 좇는 신중한 선택이 늘어난 것이다.

1인화의 평생 싱글은 약화된 결혼의 심화편이다. 표준가족의 분화경로에서 전업자녀의 실험경로로 안내한다. 장점은 줄어들고 단점만 커져가니 어쩔 수 없다. 공식가족에게 제공된 법적 보호와 지위(세금감면, 상속권, 복지혜택 등), 의료동의와 법적 대리권 및 자녀권리(친권, 상속권, 호적 등)도 부담스럽다. 반면 경제부조는 불황으로 퇴색하며 사회 인정도 큰 매력은 없다. 인정관계에서 획득되는 안정감도 낮다. 행정효율은 더 무의미하다. 그래서 전업자녀로 남는지 모른다. 독신의 불이익이 컸기에 반강제적으로 기능적 보상체계에 뛰어드는 시절은 끝났다. 결혼과 가족이 제공하던 제도적 미끼의 값어치가 줄어든 것이다. 반면 결혼의 대안 카드는 늘었다. 사회적 수용 여력이 넓어져 굳이 결혼으로 입장권을 살 이유도 없어졌다. 가족 모델 자체에 대한 불신도 상당하다. 연애사치, 결혼지옥, 출산난민, 금쪽육아. 이혼캠프 같은 부정적인 대중신호를 좇아 선배세대의 미끼를 물 필요가 사라진 것이다.

사라질지 모를 결혼제도… 대세가 된 1인화

인류역사가 강화해온 절대적 질서였던 세대별 바통터치의 최소 조건은 1인분의 생활능력이다. 최소한 주어진 각자의 역할별로 제몫을 해야 가족을 결성할 수 있다. 그래서 독립조건을 절대적, 상대적으로 강화하는 게 부양의무를 지닌 부모 역할인 동시에 가족분가를 이끌 자녀 임무였다. 덕분에 '졸업 → 연애 → 결혼 → 출산 → 양육 → 분가 → 은퇴'라는 표준가족형 분화경로를 완성했고, 이 과정에서 자녀는 부모로 신분을 변경하며 세대교체를 이뤘다. 1세대 부모가 2세

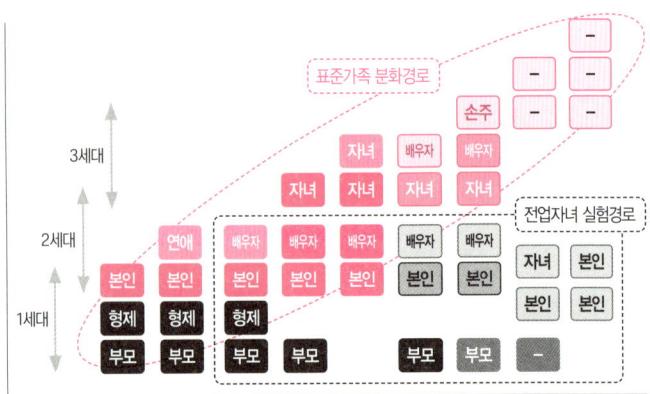

〈그림 3-3〉 인생경로별 가족분화와 전업자녀의 미래궤도

대 자녀를, 그 자녀가 재차 3세대 부모로 계승됐다. 세대별 부모자녀를 자연스레 물려주고 이어받은 것이다.

반면 전업자녀의 실험경로는 세대확대형 가족분화에 맞선다. '졸업 → 연애'까지는 같지만 이후 '결혼 → 출산 → 양육'은 소수로 줄어들고, '분가 → 은퇴'는 사실상 힘들어진다. 부모동거형 전업자녀의 2세대형 가족분화는 확인되지만 3세대까지 넘어가기는 어렵다. 전업자녀가 자녀를 낳아도 그들이 조부모형의 표준가족 분화경로로 회귀하기란 쉽지 않다는 의미다(그림 3-3).

그렇다면 가족분화는 끝날 확률이 높다. 수천 년 반복돼온 가족탄생이 절멸로 치달을 염려다. 분화증발 속 세대단절과 같다. 분화의 주체인 자녀세대가 최소한의 독립조건, 즉 1인분의 생활능력을 갖추지 못한 결과다. 한 사람의 몫을 못하는 사회가 세대단절의 방아쇠를 당긴 것이다.

과거 1인분의 몫은 명확히 공유됐다. 독립세대는 이 역할과 목표를 교육받고 지향하며 본인 휘하의 가족 행복을 꾀했다. 요컨대 '남성 전업, 여성 가사'로 불리는 성 역할이 키워온 '아빠 = 입신양명'과 '엄마 = 현모양처'의 미션이다. 인구대체선(출산율 2.1명)을 보면 '아빠, 엄마, 딸, 아들'의 4인화가 표준가족이 된 배경이다. 여기에 맞게 부모는 돈 벌고 살림하며, 자녀는 이를 롤모델로 계승했다.

전업자녀는 이게 어렵고 힘들다. 그래서 분화포기와 부모동거를 택했고, 택할 수밖에 없다. 1인분의 인생살이가 힘들어 독립분화는커녕 자녀출산까지 연기하고 포기한다. 가족을 결성해서 겉으로는 독립했지만 사실은 부모에게 종속한 자녀도 많다. 독립조건인 1인분화가 계속 힘들면 결국 부모와의 동거가 유력한 출구로 떠오른다. 정의 및 범위별로 달라지나, 기본적으로 1인분의 능력발휘가 멈추고 부모 지원이 발생하면 광의의 전업자녀일 수밖에 없는 이유다. 직업이 있어도, 분가해 살아도 마찬가지다. '무업독신 = 전업 자녀'란 등식은 미달성의 1인분을 해체한 최소한의 개념 정의에 불과하다.

1인화의 분화포기가 잘못된 의사결정이라고는 할 수 없다. 시대의 희생양일 뿐 행복을 위한 몸부림에 가깝다. 달라진 자녀사용 설명서를 채택해야 할 때다. 자녀는 달라졌고 훈수는 튕긴다. 그런데도 예전 방식의 성공 스토리를 고집하면 관계만 악화될 뿐이다. 부모보다 가난해질 게 확정적인 최초세대는 노력만큼 돌려받은 기성세대와 다른 셈법에 익숙하다. '열심히'와 '넉넉히'는 공존하기 힘든 인과관계임을 깨달았다. 고집스레 '열심히'만 종용하는 부모일수록 자녀와의 거리만 멀어질 뿐이다. 헬조선의 지옥살이라 느끼는 자녀가 분노와 체념에 빠지지 않도록 도와주는 역할이어야 한다. 먼저 살아봤다고 가르치려고만 들면 곤란하다. 다른 길이니 제대로 안내할 수조차 없다.

양적축적이 행복인생이던 시절은 끝났다.[64] 대신 다양한 모델이 등장했다. 밥벌이와 일자리의 다양성이 새로운 인생 궤도로 선택된다. 부모라면 달라진 시대의 새로운 호구지책부터 먼저 이해하고 수용해야 한다.

4.
전업자녀형 가족복지 '부양, 봉양의 재구성'

한국이 '한국'했다. 특유의 '빨리빨리'는 역동성을 최강 파워로 일궈냈다. 고도, 압축성장이 대표적이다. 반대로 위기도 빠르고 급하게 발생한다. ±0.7명대 출산율이 그렇다. 이로써 한국청년은 인구학의 거장 멜서스(Thomas Malthus)를 물 먹였다(?). 그는 인구감소의 3대 함정으로 전쟁, 기근, 질병을 꼽았는데, 한국은 그게 없는 초저출생이다. 맬서스보다 다윈(Charles Darwin)의 진화론이 설득력 있다. 버티고 살기 위해 독립을 포기하고 출산을 거부한 것이다.[65]

이제는 맬서스를 물 먹인 한국청년을 구해야 할 때다. 가족분화든지 부모슬하든지, 미래를 열어줄 넛지 마련이 시급하다. '인구감소<식량증가'의 해법이 어렵다면 '인구감소 = 식량유지'의 셈법이라도 요구된다. 기대효과는 상당하다. 자녀를 위한 양보 같지만 사실은 부모를 위한 최선책이기 때문이다.

전업자녀의 출현은 복지제도의 재편을 의미한다. 부양과 봉양의 교환을 완성한 한국형 가족복지가 이제는 새옷을 필요로 한다는 뜻이다. 저성장 속 수명이 연장된 부모로선 마다할 이유가 없다. 초고령화는 이미 시작됐다. 부모는 자녀에게 올인했지만, 책임의 번아웃에 빠진 아들딸은 효도를 제공하기 힘겹다. 키워주고(부양) 살펴주는(봉양) 기존의 교환체계가 붕괴된 것이다. 그런데도 장기 간병은 시대의 조류다. 정부복지(보편, 포괄), 시장복지(선별, 잔여)의 치열한 영역 다툼 속에 부모 노후는 간병 공포로 시작된다. 이때 부모 간병은 전업자녀에게 최적의 역할기제다. 분리 이후 말만의 효도가 아닌, 일상에서 부모와의 관계를 잇는 선택지다. 1인분이 힘겨워 1인화를 택한 그들에게 간병 이슈는 복지교환을 재구성할 유력한 계기다. 효도 강요에서 생존 기술로 치환한 전업자녀의 존재 이유도 강화된다.

열어진 부양, 봉양의 가족복지… 전업자녀 등판으로 재구성

이대로면 간병지옥은 피할 길이 없다. 자녀의 불행도 본격화한다. 제한된 복지망 속에서는 돈도 시간도 간병의 공포를 줄여주기 어렵다. 상당량은 자녀에게 떠넘겨진다. 부모 간병을 위한 자녀희생이 위험 수준을 넘겼다고 강조한 《부모를 버리는 수밖에 없다(もう親を捨てるしかない)》는 책까지 나왔다.[66] 효도나 가문 등 전통개념은 해체된 집단신화로 전락했는데도 현대의 자녀를 볼모로 착취한다는 주장이다.

초고령화 1위인 일본은 부모 간병이 심각한 사회 문제로 대두한다. "웬만하면 안 죽는다"는 말처럼 부모 케어를 간병지옥이라 부르기도 한다. 실제 전업자녀의 동기 중 적잖은 비중이 부모를 돌보는 역할이다. 부모를 돌보기 위해 본가로 돌아와 전업자녀로 지내는 경우다. 갈수록 부모봉양이 힘들어서다. 외부의 도움을 받거나 돈으로 해결하려 해도 가성비가 나쁘거나 자녀만 못하다는 판단이 많다. '가계살림 → 부모간병'이 전업자녀의 존재 이유로 확장된다.

이를 뒤집으면 극단적인 비극을 막는 절충과 타협의 수준으로 전업자녀의 정합성이 존재한다. 일방적인 희생이 아닌 상호 계약체제로 부모를 간병하며 주변의 다양한 자원을 골고루 투입할 수 있어서다. 그렇기 때문에 부모자녀의 관계를 의무가 아니라 손절 또는 분리해도 살아남을 수 있는 문제로 보기를 권한다. 부모의 경제력과 무관하게 독립 및 분화를 통해 자녀와 분리된 부모의 간병을 자녀등판의 기대효과로 풀면 어떨까? 열악한 정부정책, 값비싼 시장상품에 부모간병을 맡기느니 차라리 가계 내부의 새로운 포트폴리오로 전업자녀의 활동반경을 넓히자는 취지다. 그렇지 않으면 부모는 지옥 같은 삶에, 자녀는 눈 뜬 외면과 불편한 시선에 사로잡힐 것이다. 현역자녀와 분리된 채 진행하는 유언, 상속, 장례 같은 무의미한 죽음준비(終活)로 에너지를 낭비하기보다 자녀와의 분업숙제로 풀자는 의견이 많다.

실제 전업자녀를 둘러싼 논점 중 하나는 '상호협력론'이다. 1인분을 힘겹게 만들어버린 거시적, 외부적인 환경과 타협하여 서로 돕고 함께 사는 방식의 가족연대에 주목한 가설이다. 전업자녀의 길이 합리적 의사결정이라는 긍정론의 핵심뼈대다. '전업자녀=유력직업'을 뒷받침하는 역할 및 의미가 충분하기에 백안시할 필요는 없다. 저성장 속 시장화의 거센 파고를 올라타려는 달라진 가족연대의 최적조합이 전업자녀를 낳은 것이다. 어쩌면 전업자녀라 획득되는 투입대비산출의 가성비는 물론 추가적, 정성적인 사회가치는 더 클 수 있다. 화폐화하면 상당한 임팩트를 창출하리라 기대된다.

그렇다면 전업자녀는 자녀세대를 중심으로 하는 새로운 전략실험이다. 표준 생활로 안착할지는 지켜봐야 하지만 꽤 유효한 가설일 수 있다. 현대사회에 부합하는 변용된 '자녀부양, 부모봉양'이기 때문이다. 먼저 대가족형의 세대교환적인 가족복지는 어려워졌다. 성장 정체로 인해 유지조건인 현역세대의 경제력을 확보하기 힘들기 때문이다. 1인분의 엄마, 아빠 역할을 무난히 유도했던 흑자구간이 낮아졌고 짧아졌다. 자녀를 돌보고, 또 돌봐줬던 부모를 모셨던 전통적인 전승구조는 고출생에 따른 자녀확보와 고도성장일 때 유효했다. 이후 단기수명에 가사보조를 맡던 은퇴부모를 봉양하며 가족복지를 완성했다. 특히 인플레형 고성장의 수혜를 축적한, 부모이자 자녀였던 현역 역할을 지원했다.

빈틈 메워줄 '부모간병↔자녀지원'의 전업자녀형 가족복지

하지만 이제는 끝났다. 완충역할의 안전지대였던 현역공간의 활동 반경은 축소됐다. 아래를 키우고 위를 돌보던 분화엔진의 투입 연료가 바닥난 것이다. 수명 연장과 간병 공포로 시작된 부모봉양은 힘에 부치고, 저성장과 분화 위험에 휘둘린 자녀양육은 1인가구를 양산했다. 4인형 표준가족은 급감하고, 가족결성 없는 나 홀로 청년그룹이 급증했다. 부모는커녕 본인의 노후준비조차 힘겨운데 쉽게 출산을 택하기란 어렵다. 전통사회의 가족복지가 기능부전에 빠진 것이다. 대신 필요복지는 철저한 시장 논리로 구매할 수밖에 없다. 값비싼 시장복지를 사자면 저성장, 취업난의 협박에 좌절할 수밖에 없을 것이다.

앞으로는 전업자녀의 부각과 맞물린 신시대형 가족복지가 유력한 대안으로 떠오른다. 위험해진 본인의 분화는 회피하는 대신 부모세대와의 연대, 협력을 통해 자원을 공유하고 복지를 실현하는 형태다. '대가족형 가족복지 → 1인화형 시장복지 → 전업자녀형 신가족복지'의 연결고리가 그렇다. 부모로서도 나쁘지 않은 선택지다. 성장의 수혜로 축적

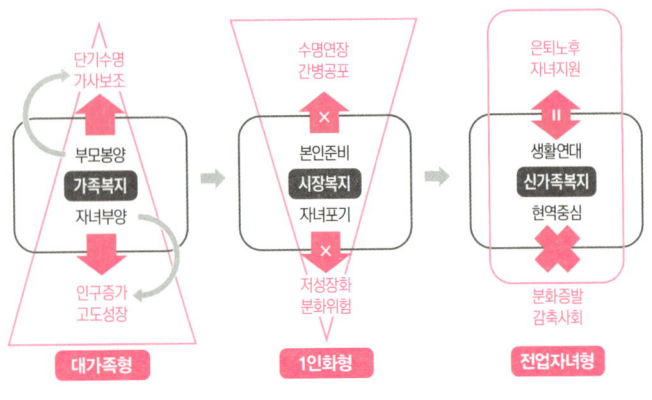

〈그림 3-4〉 자녀양육과 부모봉양의 교환붕괴 시나리오

자산이 많고 평생 일해서 근로소득도 붙는다면 값비싼 시장복지보다 저렴하고 믿을 만한 자녀복지가 낫다. 비록 현역자녀의 세대분화가 없거나, 있어도 불안정하면 서로서로 챙기는 연대모델이 차선일 수 있다. 고위험의 자녀분화를 압박하기보다 가족이 확보한 자원을 나눠 갖는 상호협력론이다. 즉 감축사회, 분화증발의 자녀욕구와 은퇴노후, 자녀지원의 부모필요가 생활연대로 교환되는 방식이다. 따라서 전업자녀형은 암울한 시대변화가 만들어낸 비용대비 편익의 안정적인 신가족복지를 향한다(그림 3-4).

결국 전업자녀는 시대변화가 추동한 새로운 대가족화를 의미한다. 최근 강력한 주거형태로 떠오른 '세대공존형 주거 스타일'이 그 증거다. 나뉘고 쪼개지는 핵가족화의 한계가 오히려 가족 구성원들을 다시 함께 묶는 촉진제가 된 것이다. 정부복지도 시장복지도 커버하지 못하는 가족수요를 자발적으로 제공하기 위함이다. 이때 전업자녀는 세대공존 또는 복지협력을 실현할 새로운 주체로 부각한다. 대가족을 향한 역설적인 강화실험이다. 뭉쳐서 잘 사는 대가족의 정합성을 찾아나선 형태다. 1인화의 부작용과 한계를 극복하려는 취지답게 후대부양과 선대봉양 등 목적과 형태는 다양해진다. 물론 한 지붕 밑은 선택지 중 하나다. 꼭 동거해야 대가족성을 회복하는 건 아니다. 시대변화에 맞춰 따로 살되 대가족의 효용은 챙기는 적정거리가 설정된다. 일본에선 이를 '근거(近居)'라 부른다. 가깝게 살며 가족 기능을 누리는 스타일이다.

3세대형 근거가 전제된 세대공존형 주거단지도 있다. 재건축/재개발 때 조부모와 현역 그리고 손주와 이웃하며 교류하도록 각각의 주거욕구를 맞춤식으로 반영해 짓는 구조다. 다양한 연령층이 어울려 봉양, 부양의 돌봄을 해결하기에 초고령화의 눈높이에 어울린다. 주택단지에 특정 동이나 층을 고령주민 거주 구역으로 특화해 케어에 적합하도록 꾸민다. 병원, 돌봄센터 등 친화적인 인프라를 단지에 구축한다는 차별점이 있다. 실제 일본에선 2000년대 이후 세대공존형이 본격화된다.[67] 고령부모를 케어하되 주거분리로 독립생활을 원하는 욕구에 주목한 결과로, 별거형 전업자녀와 일맥상통한다. 덕분에 세대공존형은 프리미엄화를 이끈다. 다양한 커뮤니티 시설이 아파트값을 올리는 것처럼 세대교류의 커뮤니티가 덧돈의 근거로 꼽힌다. 모두 대가족형에 우호적인 공간 활용이다. 대가족화는 가족해체에 맞서는 새로운 모델로 제격이다. 당장은 주택 부문이지만, 가족 기능의 보완 및 대체를 원하는 욕구가 커지면 여러 분야에서 유력한 모델로 확대될 전망이다.

5.
가족의 쓸모와 전업자녀의 미래한국

인구변화는 모럴 대전환을 뜻한다. 많이 낳고 많이 쓰는 방식은 퇴색됐다. 함께 나누고 적게 써서 지속하는 게 낫다는 정신세계가 힘을 얻고 있다. 성장과 효율보다 절제와 돌봄을 강조한다. 지향가치도 경제력에서 공동체로 전환되어 자원독점이 아닌 공유와 협력하는 선택이 존경을 받는다. 예전엔 아이를 많이 낳아 사회를 지키라는 사명감이 먹혔지만, 이젠 미래의 삶을 보장하는 게 우선순위다. 얼마나 낳느냐에서 제대로 사느냐가 중요해졌다.[68] 이때 전업자녀는 상당히 매력적인 축소사회 대처전략 중 하나다. 한정자원이나 부모자녀의 개별욕구에 맞춰 내적인 특화자산을 나눠 쓸 수

있는 신모델의 등장을 뜻한다. 나눔과 활용이야말로 축소사회에 필요한 긍정적 요소다.

그런데 전업자녀가 정말 대세일까? 하나의 엄연한 자녀 형태로 그들의 생각과 행동을 인정하고 공감할 수 있는가? 논쟁의 여지는 있겠지만, 조심스럽고 명확한 구분도 없지만, 그래서 더 넓어지고 쪼개질 존재의 취지에 동의할 수 있기에 답은 'Yes'에 가깝다. 일시적 유행이 아닌 데다가 갈수록 그 수와 입지가 증가하면 전업자녀를 단순 가십이 아닌 유력 현상으로 받아들여 관리하고 활용해야 한다. 아들딸이 있다면 누구든 해당될 수 있기에, 감추거나 맞서기보다 공론을 거쳐 제도화하자는 취지다. 어차피 출산율 0.7~0.8명 시대다. 대세인 초저출생을 보면 청년 그룹의 가족분화는 쪼그러들 수밖에 없다. 완화하되 적응하자면 희소자원이 돼버린 자녀재의 기대효과를 높여야 한다. 위기를 기회 삼아 다각적인 활용전략을 실험해 충격을 최소화하고 효능을 최대화한다.

축소사회 대처전략으로 급부상… 가족변화의 변곡점

전통적인 가족모델은 변곡점에 섰다. 놀랍지만 자연스런 전업자녀의 사회 데뷔는 과거의 가족 모델과 세대역할의 변화 가능성을 시사한다. 어쩌면 지금의 전업자녀는 막 입구에 들어섰을 뿐이며, 그들의 후배세대까지 가세하면 파급력은 거세질 수밖에 없다. 뭐든 최초가 어렵지 뒤따르기는 쉽다. 전업자녀가 한국사회의 미래에 걸림돌보다는 디딤대가 되도록 선제대응이 절실하다. 안타깝게도 거시적인 상황은 통제불능 속 악화일로가 예견된다. 선진국 자녀의 개인지향적인 미시적 변화도 일찌감치 시작됐다. 강력해진 두 상황의 필연적 만남은 가족분화의 변곡 시대를 예고한다. 몇몇 시나리오를 통해 전업자녀의 염려되는 지점을 줄이고 기대효과를 늘릴 대안을 준비할 때다.

현재로선 3가지 경로를 예상할 수 있다. 먼저 긍정적인 시나리오다. 과거 전통처럼 자녀가 독립한 후 스스로 가족을 꾸리는 1인분 제 역할이 전제된 세대분화형의 가족결성이 유지될 경로다. 경로의존에 익숙한 데다 본능을 실현하는 루트라 압력과 관성이 뒷받침한다. 단 유지비용이 부담스럽고 가족복지가 기능할지는 미지수다. 이를 증빙하듯 어떤 인구통계도 가족분화의 세대전승을 거부한다. 아니면 가족소멸 시나리오다. 현재로선 꽤 유력한 미래경로다. 벌써 정황증거가 넘쳐난다. 가속화된 만혼과 비혼이 기존질서의 전환을 압박하고 나섰고, 저성장과 재정난은 대대적인 복지재편을 예고한다. 인구총합의 지역소멸도 문제지만, 사실상 개별단위의 가족소멸이 더 직관적이고 위협적이다.

그러니 세 번째인 전업자녀의 등판 활용을 전제한 신 모델로서 가족전환에 눈길이 쏠린다. 독립분화형 기존가족의 극단에 위치해 지속도, 소멸도 아닌 새로운 접점을 이루는 시나리오다. 무작정 좇거나 대놓고 피하기보다 적절한 변용전략으로 가족경제학을 실현하려는, 자발적이고 상생적인 시도다. 시대압박을 넘은 타협결과이자 역할조정을 통한 생존비법에 가깝다. 결정(허락?)권을 쥔 부모의 지원도 이를 뒷받침한다. 전업자녀를 내세운 변용된 가족실험은 부모의 미션인 분화를 고민하는 데서 시작된다. 즉 나가기도, 내보내기도 힘들고 모호한 상황이 전업자녀의 공간을 확대한다. 초저출생으로 희소자원이 된 아들딸의 준비되지 않은 독립

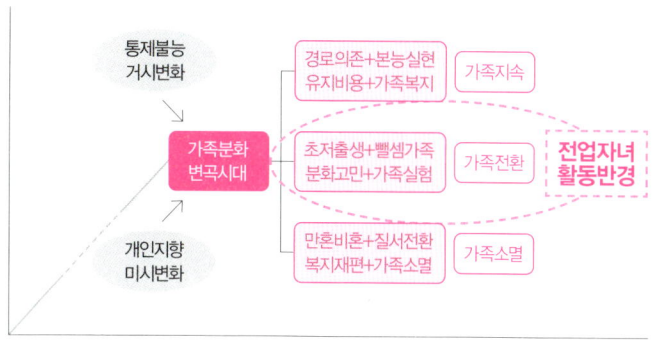

〈그림 3-5〉 전업자녀로 본 한국미래 진로방향

은 결국 시간문제일 뿐 복귀로 이어진다.

고출생의 세대분화로 한때 산술급수를 웃돌던 덧셈가족은 뺄셈가족으로 축소된다. 뺄셈가족을 지키는 가족자원의 재구성은 당연지사다. 부모수요와 자녀공급의 상호간 고용계약(?)은 자녀를 드디어 직업으로 흡수한다. 문제는 계약형태가 일부에 그치며 실질적인 전업자녀의 활동반경은 확대된다는 점이다. 앞서 언급한 폐쇄은둔형의 '무직×2030×저학력×동거'가 중첩된 사례는 일부일 뿐 '유직×4050×고학력×별거'로의 이동 및 전환이 가속화할 전망이다. 누가 봐도 독립자녀의 충분조건을 갖췄지만, 실제로는 전업자녀의 규정항목을 채운 경우다. 지속가족 또는 소멸가족의 기존공간을 뺏으며 '아들딸 = 전업자녀'의 등식을 강화할 가능성이 크다. 표준자녀까지는 아닐지언정 유력 패턴으로 받아들일 수밖에 없다. 동시에 세계적인 출생감소를 보면 이는 인류 공통의 선도 현상이다(그림 3-5).

전업자녀는 전세계 공통현상, '돈 없어도 행복청년'

오늘날 청년은 불행한 체념보다 행복한 활로를 찾는다. 달라진 아들딸의 주요 덕목 중 하나인 듯하다. 전업자녀가 가난, 불안, 절망, 불행에서 비롯됐다는 분석은 관찰자의 시선일 뿐 정작 당사자는 타협, 조화, 긍정, 행복의 시그널로 느낄 수 있다. 실제 핍박받는 상황에도 삶의 만족도는 크게 낮지 않다고 봐서다. 적게 벌지만 소소한 즐거움과 행복을 느끼는 타협청년도 적잖다. 일본에선 "돈은 없어도 불행하진 않다"는 새로운 가치관을 소유한 청년도 많다.[69] 선배세대가 좇아온 가족, 출세, 소비의 '중류모델'에 더는 매력을 느끼지 못하는 결과다. 이로써 '소득 = 행복'의 공식은 재구성된다. 한국의 소확행도 유사맥락이다. 기존 잣대를 버리고 자기 방식대로 행복을 추구한다. 절망의 사회에서 일상의 행복과 새로운 가치관을 만들어가는 도전이다. 이들은 빈곤청년, 절망사회의 담론에 반대한다.

전업자녀는 하류사회의 부산물이자 반작용의 결과다. 선진국형의 선행 사례를 살펴보면 하류사회는 심화되고, 전업자녀는 확산될 전망이다. 미래한국의 가족풍경 중 하나란 얘기다. 본격적으로 장기적, 구조적인 하향압력이 시작된다. 그렇다면 전업자녀는 새롭되 유력한 계층집단으로 정착될 수밖에 없다. '빈곤＝불행'을 거부하며 미래편익보다 현재만족을 추구하는, 역사도 없고 선례도 드문 데다 상식을 벗어난 새로운 인구집단의 달라진 삶이 펼쳐지는 것이다. '독립＝성인'의 반발과 함께 시작한 장기화된 아들딸로서의 인생모형은 부모와 사회가 흡수하고 활용하지 않는 한 걱정이자 갈등이 아닐 수 없다.

공감을 위한 담론확산이 중요하다. 달라진 아들딸의 긍정적인 삶으로서 본인다움을 지지는 못할 망정 방해는 하지 말자는 얘기다. 체념에서 시작됐을지언정 사회구조 탓도 크기 때문에, 절망의 늪에서 건져올린 자기합리화의 방안으로 인정하는 것이 바람직하다.[70] 계층이동의 붕괴가 아들딸의 본인다움을 찾았고, 여기에 부모지갑이 열리며 세대상생의 전업자녀를 일궈냈다. '회사에 구속당해 사느니 집에서 자유롭게'와 '소중히 여겨주는 부모와 나답게 살고파'가 시나브로 먹혀든 것이다.

전업자녀의 등장으로 가족의 쓸모는 재구성된다. 새로운 가치를 찾아 존재 이유를 모색, 강화하려는 달라진 가족 모델을 뜻한다. 뭉쳐서 강해진 가족의 '잘 먹고 잘 사는 법'을 제안한 전업자녀는 어쩌면 훗날의 표준가족으로 완성될지도 모른다. 가족관은 벌써 급변했다. 본능적 애정관계에서 경제적 편익상대로 보는 트렌드가 확산세다. 가족 본연의 본질과 가치마저 변할까 싶지만 누구도 알 수 없다. MZ세대는 가족의 쓸모를 다양한 잣대로 비교, 검토한다. 이대로면 '가족은 없다'에 후속세대의 몰표가 쏠릴 터다. 그렇다면 상식, 모범이란 수식어가 붙던 표준가족의 운영질서는 흐트러진다. 부모자녀의 4인형 평균 모델이 기준점이던 조세, 복지, 행정 등의 제반 제도도 바뀌어야 할 것이다.

가족의 쓸모는 분해된다. 가족의 부재와 포기는 다양한 위기와 기회를 뜻한다. 바통터치였던 '자녀부양 → 현역자립 → 부모봉양'은 약해진다. 1인화는 1차 가족과의 해체 후 2차 가족에의 분화 없는 생활형태를 뜻한다. 가족분화와 자녀양육의 경제학적 가성비가 낮다(편익〈비용)는 뜻이다. 살벌한 셈법이지만 부인하긴 어렵다. 부양의 쓸모가 청년주도라면 봉양의 쓸모는 전체세대를 아우른다. 노년부모뿐 아니라 중년자녀와 청년손주까지 쓸모 변화의 영향권에 들어선다. 전업자녀를 허락(?)한 부모 그룹이 '마처세대'란 건 우연의 일치만은 아니다. 부모를 모시는 마지막 세대지만, 정작 자녀에게 부양은 못 받는 처음 세대란 의미다. 자녀편익 중 보험기능이 사라졌다. 구체화된 봉양실종은 대책마련을 요구한다. 분화를 못한 전업자녀와의 상생계약이 도출되는 배경이다. 관계단절 속 고독사의 공포를 보완, 대체할 봉양의 쓸모를 전업자녀에게서 찾는 것이다.

궁극엔 핵개인의 쓸모만 남을 전망이다. 가족의 퇴색된 쓸모만큼 개인의 강화된 역할이 중시되는 시대다. 어쩌면 인류역사가 축적, 강화해온 가족분화형 인생 행복의 값어치가 한국사회에서 최초로 거세게 거부되는 것이 아닐까? 본능에 맞서 DNA를 바꿔가며 가장 잘 살아내는 인생 모델로 한국청년이 택한 것이 전업자녀일지 모른다. 가족의 쓸모가 의심받고 수정된다면 심상찮은 일이다. 십분 양보해 자연스런 진화경로라 해도 변화가 불러올 충격을 최소화하기 위한 연착륙은 필수다.

4장

전업자녀의
활용법

1.
전업자녀, 부정론을 넘어 긍정론으로

낳고 키워본 부모는 다 안다. 자식 내 맘대로 안 된다는 것을. 깨우치며 알아가는 득도와 해탈의 수행 과정야말로 부모의 삶인 듯하다. 이런 점에서 전업자녀는 자식농사를 잘못 지은, 부모의 바람을 꺾어 버린 반동 집단에 가깝다는 혐의를 받는다. 인류사 이래 가족분화형 바통 교환이라는 지배질서, 절대 미션에서 비켜선 까닭이다. 부모에게 전업자녀는 감추고픈 상처이자 가슴을 짓누르는 돌덩이와 같다. '불면 날까 쥐면 꺼질까' 길렀지만 '자식 이기는 부모 없다'는 말에 공감할 수밖에. '겉 낳지 속은 못 낳는다'는 체념은 곧 '무자식 상팔자'에 닿는다. 그래서 부모는 부처님이요

예수님이다. 조건 없는 무한사랑의 제공자일 따름이다. 이제 전업자녀는 일부의 소수가 아니라 확산세다. 2040세대만 봐도 최소 100만 명(그냥 쉬었음)에 최대 ±800만 명(부모동거)에 달한다. 다시금 강조하지만 전업자녀는 '무직×2030×저학력×동거'에서 '유직×4050×고학력×별거'를 향해 규모를 늘려가고 있다.

이러한 전업자녀를 받아들이는 건 현실론이자 숙명론에 가깝다. 부정적인 인식을 긍정적인 파워로 돌파하자는 뜻이다. 짐이 아닌 힘으로, 부담에서 혜택으로 변용하고 전환해야 인구 위기에 봉착한 한국 사회가 그나마 지속 가능성을 위한 돌파구를 모색할 수 있다.

왜 전업자녀가 출현했는지, 그들은 누구인지 앞서 살펴봤다. 배경과 속내를 분해하면서 전업자녀를 어떻게 찾아내고 활용할지 몇몇 논점에서 공략법도 타진했다. 결론적으로 전업자녀는 사회문제의 해결과 지속 가능의 루트를 모색할 훌륭한 자원이자 현상으로 이해할 수 있다. 즉 복지벌충, 자산이전, 인재혁신, 신형소비, 로컬 복원 등 다방면의 문제를 해결할 자산으로 손색이 없다. '자산 = 자본 + 부채'라면 전업자녀의 약점과 강점 모두 매력적인 투입요소일 수 있다. 지금부터는 전업자녀의 활용법을 다각도로 검토해본다.

확대 중인 전업자녀, '가계의 짐에서 사회의 힘으로'

먼저 현실부터 점검하자. 전업자녀의 인구학적 송출지표는 크게 2가지다. 가성비의 투자재에서 일방적인 소비재로 승격한 드높은 존재감의 근원은 출산율에서 확인된다. 희소자원에의 무한투입에 내몰렸고, 또 익숙해진 부모의지는 0.7~0.8명의 출산율이 뒷받침한다. 초저출생은 자녀세대의 역할포기이자 생존담합의 결과로 부모세대가 전승해온 가족분화의 집단 보이콧과 같다. 2.1명(인구대체선)이 가족분화와 인구유지를 위한 최저선이란 점에서 '초저출생 = 전업자녀'는 불가피하다.

또 하나는 1인화 비율이다. 세대별 전통역할로 규정된 4인가구는 소수사례로 전락했다. 독립분가와 자녀출생이 표준편차를 벗어났기 때문이다. 대신 분화 없는 나 홀로(1인가구)는 36%에 달한다(2024년). 단기급등세로 혼자 살겠다는데 가족결성은 덧없는 일이다. 제 한몸 건사조차 힘들면 얼추 갖춘 부모의 그늘에 남거나 돌아가는 건 자연스럽다. 전업자녀로의 길이다.

초저출생과 1인화는 별거/독립 여부의 엄격한 기준을 제외하면 전업자녀를 뜻하는 강력한 신호다. 일단은 이들 통계의 방향을 조정해 전업자녀의 등장속도를 완화하고 또 그 속에서 존재의미와 기대효과를 노리는 적응전략을 세우는 게 좋다. 어쨌든 가족 패턴의 균형적인 포트폴리오는 바람직하다. 즉 독립분화로의 유도확대, 가족소멸로의 속도완화와 함께 중간영역으로서 전업자녀로의 효용증대가 삼위일체로 권유된다. 위기는 줄이고 기회는 늘리는 영민한 접근법이다. 이때 전업자녀는 사회유지 최소조건, 가족가치 존재영역, 긍정효과 기대공간 등의 효용이 기대된다. 조정될 통계목표는 각각 ±1.3명대, 30%대로 좁혀진다. 출산율은 인구위기선(1.3명)까지 올려 가족소멸을 막고, 1인가구는 3분의 1인 30%대까지 줄여 가족분화를 강화하는 것이다.

이 정도로 높낮이를 조정하는 작업에 전업자녀는 훌륭한 투입자산이다. 중간 공간의 회색지대답게 출생과 분화의 접점에 위치한 전업자녀부터 해당영역으로 편입하면 자연스럽게 균형을 모색할 수 있다. 전업자녀의 전환전략을 통해 출생을 늘려 후속가족을 확보하고, 1인가구를 줄여 가족결성을 유도하자는 얘기다.

소멸가족을 갑자기 지속가족으로 둔갑시킬 수는 없다. 의지는 있는데 능력이 부족한 중간지대의 전업자녀부터 하나둘 미시/거시적 또는 심리/인식적인 조건강화를 통해 전환하는 편이 유리하다. 그렇다면 전업자녀는 감추고픈 자포자기에서 강력해진 호연지기로 활용할 수 있다. 전업자녀의 강점은 경쟁력으로, 약점은 역발상으로 분해한 후 다양한 매트릭스를 고도화할 때다. 굳건한 인식과 담대한 접근으로 엄연한 시대현상인 전업자녀를 흡수, 활용할 현명함이 필요하다.

전업자녀 잘 쓰면 '출산율은 1.3명대, 1인화는 30%대'

구체적으로 전업자녀를 위험에서 구해내 엔진으로 사용할 긍정적 전략은 한둘이 아니다. 상당 수준의 기대효과가 내포된다. 비용은 줄이고 편익은 늘리며 모두를 만족시키는 논제로섬을 실현하기 때문이다. 과장하면 전업자녀를 활용해 한국사회의 제반갈등과 기능부전을 대부분 해소할 수 있다. 일례로 과도한 교육원가에도 불구, 뽑아낼 기회축소의 현실압박은 가계자산을 왜곡하고 인재활용을 거부한다. 그 미스매칭이 전업자녀인 건 불문가지다. 좁혀진 바늘구멍으로 길어진 데뷔 시간도 사회문제다. 따라서 자녀세대의 절실한 회피논리는 무한한 부모지원을 만나 전업자녀를 양산한다. 커지는 위험사회가 뭉쳐진 가족복지를 재구성한 것이다. 이로써 자녀의 현재위기와 부모의 미래편익이 가족내부의 고용관계로 확대된다. 부모에게 월급받는 '자녀 = 직업'의 출현이다(그림 4-1).

전업자녀를 가계의 짐에서 사회의 힘으로 전환하는 일은 필수과제다. 그렇다면 강력한 활용근거가 될 대상을 선정하고 정책을 도입하며 제도를 준비해야 한다. 한정자원을 전업자녀에 배치하려면 공론화를 통한 대타협과 함께 정의, 기준, 범위 등 현상이해를 위한 이슈 발굴이 시급하다. 생활모델, 세대구분, 특정인구의 변화상에 주목해 기발한 신조

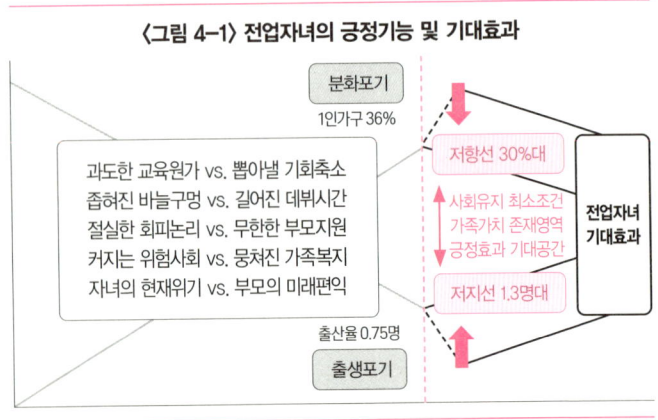

분화포기

1인가구 36%

과도한 교육원가 vs. 뽑아낼 기회축소
좁혀진 바늘구멍 vs. 길어진 데뷔시간
절실한 회피논리 vs. 무한한 부모지원
커지는 위험사회 vs. 뭉쳐진 가족복지
자녀의 현재위기 vs. 부모의 미래편익

저항선 30%대

사회유지 최소조건
가족가치 존재영역
긍정효과 기대공간

전업자녀
기대효과

저지선 1.3명대

출산율 0.75명

출생포기

어로 화두를 던져온 일본은 기존통계와 신규조사를 조합해 이를 규정한다. 전업자녀는 아니지만 유사한 무업(無業) 인구만 해도 추정값(15~39세, 483만 명)이 도출된다.[71] 직관적일 때 효과가 커지듯, 문제로 방치하면 재정악화, 격차심화, 빈곤확대 등 사회통합을 가로막는 대형악재로 전락할 수 있다. 은닉이나 배제가 아닌 발굴과 수용을 통해 걸림돌에서 에너지로 전환하자는 차원이다. 전업자녀는 증거기반(통계분석)의 접근이 어렵다. 기존의 통계가 없어 추상적이다. 그러니 정책편입을 위한 통계개발에 서둘러 착수하고, 당장은 별도계정으로 추적해 상황관리과 정책효능을 높이는 묘책을 찾아야 한다.

원조국 중국도 전업자녀를 흡수, 활용한다. 발 빠르게 태도를 바꾸어 상황을 반전시킨다. 막을 수 없다면 올라타자는 주의다. 선택동기가 수동이든 능동이든 플러스가 되도록 할 때 반전의 승수효과가 기대된다. 전업자녀는 확실히 개인, 가정, 사회에 부정적, 긍정적 영향을 동시에 미친다. 회피도 부인도 어렵기에 파괴적인 악재보다 건설적인 호재로 바꾸려는 차원의 노력이 필요하다. 최소한 외부핍박이 불러온 아들딸의 스트레스와 번아웃은 부모가 제공하는 정서적, 경제적 애착관계로 줄여진다. 그나마 직업을 모색하고 독립할 의지가 있을 때 넛지를 발휘해 1인분의 변신기회를 주자는 말이다.[72] 때를 놓쳐 독립의지가 완전히 사라지기 전에 또는 독립하지 않아도 1인분의 인생살이가 시도되면 모두에게 득이다.

실제 전업자녀 중 상당수는 직업과 독립을 찾으려는 시나리오를 품속에 지니고 있다. 평생 백수의 하류인생을 좇진 않는다는 뜻이다. 긍정론을 지지, 유도하는 연구결과도 잇따른다.[73] 완전한 의존관계가 아닌 계약적인 교환관계란 점

이 이를 뒷받침한다. 조금의 정책만 개입시켜도 그들을 정
규사회의 네트워크에 편입할 수 있다.

2.
전업자녀가 반가운 한국형 간병시대

'아침배웅＋저녁마중'은 자녀육아의 표준 모델이다. 남성 전업, 여성 가사가 많던 시절엔 취학 이전까지 가정에서 보육했지만, 여성의 사회 활동이 늘고 전문화가 요구되며 보육의 외부화가 굳어졌다. 양육부담을 덜려는 정부지원도 한 몫했다. 그래도 맞벌이는 어렵고 힘들다. 본인 출퇴근과 자녀 등하원이 겹치기 때문이다. 빠른 등원, 늦은 하원 등의 시간 배려가 없는 한 정신을 빼놓는 기빨림(?)은 불가피하다. 길어본들 몇 년이겠거니 하고 버틸 따름이지만 그 생각은 완전한 오판이다. 좀 지나면 또 다른 배웅과 마중이 기다리기 때문이다. 유병노후의 부모봉양이 불러낸 노치원(데

이케어센터) 등하원이다. 구조는 똑같은데 사람만 달라진다. 한국도 시작됐다. 2025년 5명 중 1명이 65세를 넘긴 초고령화에 진입했다.

일과 가정의 조화는 시대화두다. 초저출생의 유력한 원인인 경직적 고용관행과 노동제도를 완화하는 차원이다. 아니면 저성장, 고학력의 요즘 청년은 결혼도 출산도 최소화한다. 이런 와중에 양립조화의 대상과 취지는 변모한다. 초고령화 탓에 '자녀양육 → 부모봉양'으로 옮겨가는 것이다. 자녀와 부모 등 앞뒤 인생의 돌봄필요가 현역세대의 양립조화로 확대된다. 자녀양육은 본인의 선택이지만 부모봉양은 정해진 미래다. 옅어졌다지만 돌봐야 할 부모를 방치할 3040세대는 별로 없다. 닥치면 피하기 어렵다. 불가항력에 불가역적이다. 더 큰 문제는 부모간병과 본인생활의 미스매칭이다. 정책은 모자란데 시장은 값비싸니 방법이 없다. 더 늙은 일본은 '간병지옥'에 동의했다.[74] 추호의 의심도 없다.

한국은 어떨까? 상황인식도 대응체계도 아직은 기대 이하다. 부모간병을 가족에게만 떠넘기는 각자도생 분위기다. 장기요양보험 등 정부복지(B2G)가 기능하나, 초고령화 문턱에서 이미 유지불능(적자발생)에 빠졌다. 시장화를 통한 돌봄수급의 해결방안은 규제장벽과 빈부격차로 논의조차 쉽잖다. 조금씩 숨통이 열리지만 초고령화 흐름보다 더디고 약하다. 그러니 고스란히 가족의 몫이다. 지역사회통합돌봄 등 차세대형 복지체계를 실험 중이지만, 아직은 여전히 가족 특유의 연대만이 그나마 존재하는 안전장치다. 실제 돌봄복지의 사각지대를 극복한 한국형 경험경로는 똘똘 뭉칠 수밖에 없는, 심지어 이기적인 행위조차 정당화되는 독특한 가족구조에 기인한다. 다 무너져도 가족은 최후의 보루로 지켜내는 것이 부모와 자녀의 공통 미션이다. 이때 전업자녀는 가족복지의 전면에 선다.

예고된 간병지옥, '자녀양육→부모봉양'의 돌봄 이슈 대거전환

이렇듯 전업자녀는 가족복지를 시대변화에 맞게 재구성해 특유의 존재감을 빛낸다. 높은 시장 허들과 텅 빈 정부재정이 소환한 험하고 깊어진 복지갈등을 풀기 위함이다. 가족의 구성과 역할을 변용해 잘 살아보려는 개별선택이 결과적으로 전업자녀를 낳은 것이다. 강제도 유도도 없었지만, 자연스레 몰려든 곳을 분석해 봤더니 전업자녀로 규정되는 새로운 가족 패턴이 추출된 셈이다. 확실한 개념정의가 없기에 코에 걸면 코걸이요 귀에 걸면 귀걸이에 가깝지만, 어쨌든 달라진 자녀군상 중 하나임은 분명하다. 더욱이 강화되고 확산될 환경조건을 두루 갖췄다. 그만큼 전업자녀를 서둘러 공론무대에 올려 어떤 성격과 어떤 역할을 부여할지 살펴보아야 한다.

가성비는 확실히 매력적이다. 가족복지에 소환된 유력주체인 전업자녀는 돌봄투입과 복지산출의 산식 계산값을 최대화한다. 고품질/고가격과 저품질/저가격은 물론 저품질/고가격의 현실한계를 풀어낼 정량적, 정성적 가치창출이 기대된다. 부모수요와 자녀공급의 가족거래인지라 상호신뢰까지 깔려 비용은 더 줄어든다. 당장 수요별 맞춤 서비스를 가족공간에서 제공할 수 있고, 언제든 조정 가능하며, 돌봄의 대가로 설정된 가격도 상호협의로 결정된다. 월급이든 용돈이든 반대급부도 매한가지다. 반면 사회가치는 더욱 크다. 전업자녀가 없다면 치러야 할 복지재원과 재정의 사회비용이 절감된다. 물론 재택간병까지지만, 이것만 해도 상당한 성과로 축적된다. 참고로 전업주부에 준해 전업자녀의 경제가치만 추산해봐도 그들의 활용취지를 확인할 수 있다. 추계기관마다 다르지만, 2,800만~4,000만 원에 이른다.[75] 돌봄은 빠진 가사업무만의 경제가치다.

　결국 전업자녀는 복지대안으로 꽤 유력하다. 복지는 인간다운 삶을 영위하고 욕구를 충족하며 문제를 풀어내는 예방, 경감, 해결형의 사회질서를 뜻한다. 충분히 잘 갖춰지면 누구든 행복하게 살 수 있다. 문제는 혼자서 해결하기 힘들다는 점이다. 본인의 복지를 스스로 충족할 수 있다면 더없이 이상적이겠지만, 대부분은 불가능하다. 그렇기 때문에 다양한 보완장치와 안전지대가 필수다. 현역다운 1인분의 역할수행도 지속될 리 없다. 돈벌이가 계속될 수 없거니와 일자리도 완전하지 않을 확률이 높다. 미래편익과 현재비용을 교환하는 보험이나 연금도 이처럼 흑자구간 때 적자구간을 대비하기 위한 제도다. 사회적으로 보면 생산가능인구가 피부양인구를 부양하는 사회보험 및 사회 서비스도 같은 맥락이다.

철학과 취지에 따라 복지의 설계는 맥락을 달리한다. 손쉽게 이해하는 제도차이는 누가 복지를 제공하느냐에 따른 구분법이다. 제공 주체별 편차나 비중에 따라 크게 정부복지(보편복지)와 시장복지(선별복지)로 나뉜다. 모든 사회는 '정부 vs. 시장'의 양극단 어딘가에서 과거 역사와 컨센서스에 따라 최적화된 복지 시스템을 운영한다. 정부복지는 고부담, 고복지로 사민주의가 많은 북유럽에서 일반적이다. 시장복지는 저부담, 저복지인 대신 본인구매를 위해 조세부담을 줄인 신자유주의 국가계열에 집중된다. 당연히 국가별 정도의 차이가 크고, 100 대 0의 식으로 극단만 채택할 수도 없다. 그래서 혼합복지가 보통이다. 다양한 공급주체가 섞여 그들의 질서에 따라 복지 시스템을 완성한다.

정부도 기업도 힘들어진 복지수요… '전업자녀의 보완성'

우리는 어떨까? 한국의 복지유형은 가족제도와 연결해 설명하면 설득력이 높다. 전업자녀의 복지체제와 밀접한 연결고리를 지녀서다. 상관성은 물론 인과성도 높아 일련의 복지변화와 전업자녀의 등장은 분리불능의 설명력을 갖는다. 복지업계에선 유명한 '보충성의 원리'로 접근해보자. 보충성이란 필요복지를 단계별로 누군가가 보충해준다는 의미다. 출발은 '스스로'다. 본인이 할 수 있는 일은 스스로 처리하고, 이게 불가능할 때 연결된 외부주체가 개입하는 구조다. 개인의 역할을 존중하고 사회 전체의 효율을 지향한다. 개인에서 시작해 가족, 지인, 지역, 국가, 해외 등의 상단을 향한다. 소단위에서 대단위로 점차 복지주체가 확대되며 개인의 필요복지를 보충한다.

이를 유형으로 나누면 가족복지, 기업복지, 정부복지로 구분된다. 개인 및 가족이 의식주를 포함한 필요를 먼저 채운 후 부족하면 보충주체로 지인이나 지역이 위치한 기업복지와 국가 및 해외를 아우른 정부복지가 동원된다. 독특한 건 기업복지다. 과거 한국은 필요복지의 상당량을 기업이 제공했다는 특징이 있다. '일 = 복지'란 차원에서 탄탄한 일자리를 통해 삶을 떠받치는 형태였다. 노동집약, 우수인재로 고성장을 구가하며 기업성장과 함께 복지제공을 실현할 수 있었다. 그런데 1990년대부터 저성장 속 일자리가 흔

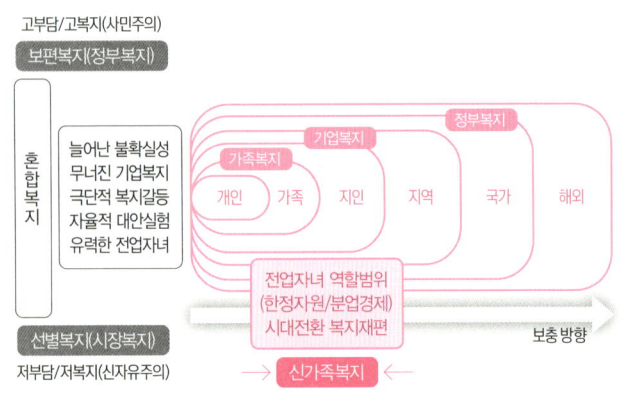

〈그림 4-2〉 보충성의 원리와 전업자녀의 긍정역할

들리며 기업복지의 사각지대와 균열함정은 커졌다. 출발부터 비정규직에 여차하면 해고되며 일자리가 떠받친 복지공급의 신화가 흔들리기 시작했다.

이때 전업자녀의 정합성이 강조된다. 그간 떠받쳤던 전통적 가족복지와 한국적 기업복지의 접점영역에 존재하며 개별약점을 연결강점으로 전환했다. 가족의 한정자원을 동원해 기업의 복지빈틈을 채워나가는 효과적인 대응전략을 도모한 것이다. 시대전환이 낳은 복지재편답게 '신가족복지'로 불러도 좋을 것이다. 분절되기 십상인 가족을, 직업일 수 없는 자녀가 전업으로 등판하며 복지수급을 완성한 셈이다. 늘어난 불확실성과 무너진 기업복지가 불러온 극단적 복지갈등을 자율적 대안실험인 유력한 전업자녀로 해소하는 취지다. 전업자녀가 띄운 신가족복지는 혼합복지의 포트폴리오에 새롭게 데뷔한 복지주체다. 작게 봐도 복지안전망 하나는 추가된 것이다(그림 4-2).

3.
조로사회 구해낼 늙은 돈의 회춘전략

전업자녀는 활용 여하에 따라 장기적, 복합적 불황에서 한국사회를 건져낼 유력한 구원투수로 거명된다. 더 직설적으로 언급하면 활용하지 않을 수 없는, 한국사회의 지속 가능한 부가가치를 위한 강력한 등판자질을 갖췄다.

지금처럼 수면 아래에 감추고픈 부정적인 전업자녀로만 방치하면 그만큼 미래갈등은 커질 수밖에 없다. 전업자녀의 올바른 활용은 플러스의 경제성과뿐 아니라 마이너스를 플러스로 전환하는 사회성과까지 기대할 수 있다. 이는 엄청난 임팩트다. 상당수가 전업자녀의 진입경로에 가세할 수밖에 없다면 기대효과는 한층 커진다. 작게는 가정을, 크게는 사회를 위한 전업자녀의 투입논리를 적극 발굴하고 강화해 그 편익을 확인하고 효능을 확대하기 위한 작업에 뛰어들 타이밍이다.

전업자녀는 조로(早老)사회에 에너지를 확대할 촉진제로 제격이다. 늙어가는 한국사회에 브레이크를 걸며 젊은 힘을 분출하는 훌륭한 트리거(방아쇠)가 될 수 있다. 초저출생이 낳은 희소자원인 청년 그룹을 시대약자가 아닌 패러다임 전환주체의 강소재화로 투입하면, 멈추고 끊긴 불확실성은 지속 가능성의 도약발판으로 활용된다.

이걸 못해서 커다란 고통을 경험한 나라가 일본이다. 저출생, 고령화가 불러온 유동성 함정이 그렇다. 돈을 풀어도 돌지 않는다. 구권 회수는커녕 자금순환까지 막히며 기축통화국의 재정 악화를 불러왔다. 돈이 없지도 않은데 쟁여만 두고 돌아다니지 않아 투자, 소비의 순환경제가 멈춰 선 것이다. 일본의 30년 장기 복합불황을 설명하는 유력논리다. 유동성 함정의 촉발혐의는 부자 노인에 씌워진다. 가계금융자산의 ±60%를 움켜쥔 고령인구가 장수위험과 제로금리를 넘어서고자 장롱예금을 선택한 결과다. 돈이 잠기면 사회는 멈춘다.

부자노인 vs. 빈곤청년의 이중갈등도 심해진다.

예고된 저성장형 유동성함정, '늙은 돈과 전업자녀'

하지만 전업자녀라면 함정에 빠진(또는 더 빠질) 유동성을 구해낼 수 있다. 부자부모의 축적자산을 빈곤자녀의 활동자금으로 투입하면 잠겨질 유동성이 다양한 현역소비로 이용돼 순환효과를 기대할 수 있다. 물론 전업자녀가 아니어도 세대 간 자산이전은 당연하지만, 전업자녀일 때 범위와 속도는 한층 더 넓고 빨라진다. 아무래도 가족결성이 안 됐거나, 독립분화가 덜 됐을 때 부모자산의 자녀투입이 유리한 까닭이다. 보호본능이나 아픈 손가락처럼 전업자녀 특유의 상황악재가 자산이전의 소프트랜딩을 돕는다는 얘기다. 가족분화를 완료한 독립자녀라면 부모사망과 관련된 특정 시점에 발생할 증여나 상속 등의 화두가 전업자녀에겐 일상적인 지원으로 당겨지고 커질 전망이다.

실제 전업자녀의 부모 그룹은 보유자산의 자녀이전 또는 공동사용을 전제한다. 절대빈곤보다는 중산층일 확률이 높은 586세대(±55~65세)나 70년대생(±45~55세) 부모 그룹은 더더욱 전업자녀나 전업자녀 예비군을 위한 자산공유가 일반적이다. 이들은 평균 ±5억 원대에 불과한 선배부모(65세~)보다 탁월한 자산축적이 기대된다. 저성장형의 정년연장, 평생근로까지 붙으면 장기적, 안정적인 근로소득도 강화된다. 그 돈이 저축 제로의 자녀 그룹에게 어떻게 이전될지가 관건이다. 일본처럼 루트가 폐색되면 경제는 악화되고, 승계되면 위축된 자녀세대의 도약재료로 전환된다. 이때 독립난관에 내몰린 전업자녀는 부모자산의 이전 루트를 넓히고 늘리는 역할주체가 된다. 생활자금과 상속의지의 자녀이전, 동반소비는 물론 적어도 땅에 묻힐 유동성을 함정에서 꺼낼 수 있다. 즉 치매 머니, 활력감퇴, 금융폐색, 자본하락의 일본형 디플레에 맞서는 것이다. 독립자녀의 노노(老老)상속의 기대순환보다 전업자녀의 현재지향적인 자산이전의 순환규모가 더 크다.

반면 흐르면 커지는 돈의 힘은 전업자녀를 만나 강화된다. 잠자던 부모의 돈이 회춘 엔진에 올라타면 그 자체로 자금순환과 사업기회 및 가치창출이 기대된다. 막히기 십상

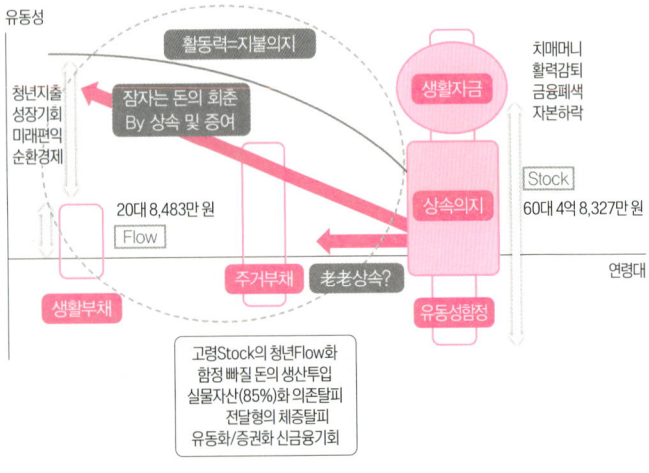

〈그림 4-3〉 전업자녀와 자산이전의 기대효과

유동성

활동력=지불의지

청년지출
성장기회
미래편익
순환경제

잠자는 돈의 회춘
By 상속 및 증여

생활자금

치매머니
활력감퇴
금융폐색
자본하락

20대 8,483만 원

Flow

상속의지

Stock

60대 4억 8,327만 원

연령대

주거부채

老老상속?

생활부채

유동성함정

고령Stock의 청년Flow화
함정 빠질 돈의 생산투입
실물자산(85%)화 의존탈피
전달형의 체증탈피
유동화/증권화 신금융기회

인 중년자녀의 주거부채 숨통을 열어주고, 청년자녀의 생활부채를 덜어준다. 궁극엔 청년지출, 성장기회, 미래편익, 순환경제를 실현한다. 정리하면 전업자녀를 내세운 '부자부모 → 빈곤자녀'의 자산이전은 고령스톡(Stock)의 청년플로(Flow)화, 함정에 빠질 돈의 생산투입, 실물자산화(부동산 딜레마)의 의존탈피, 노노전달형의 금융체증 탈피, 유동화/증권화의 신금융기회 등의 기대효과가 예상된다. 내부화될 전업자녀에게 부모자산을 활용한 사회 데뷔형 사업기회도 늘려줄 수 있다(그림 4-3).

스톡을 플로로 '늙어가는 돈과 부의 회춘'

실제 금융산업은 당분간 한국사회의 최대화두일 수밖에 없다. 저성장이 예고된 가운데 성장지점을 찾아보면 1순위는 금융현장으로 정리된다. 장기불황을 풀어낼 강력파워 중 하나로 금융엔진의 극대화가 추출된다. 원래라면 금융산업은 '미래편익↔현재고통'의 교환체계가 전제된 저축 및 투자로부터 비롯된다. 사회 데뷔와 장기현역이 확실한 청년인구를 유력고객으로 확보하는 게 중요한 이유다.

다만 현대청년은 그럴 여유도 의지도 크지 않다. 아들딸의 지갑은 빈약하기 짝이 없고, 참고 버텨본들 스태그의 충격은 미래안전을 보장하지 못한다. 휘발적인 눈앞의 편익실현이 소확행으로 뜬 것도 그렇다. 청년인구의 사라진 향상심은 사회 전체의 바통터치와 지속확률도 낮춘다. 이리저리 불가피한 수축사회다. 결국 순환경제를 위한 금융회춘은 필수과제일 수밖에 없다.

한편에선 초고령화가 소환한 늙음 이슈가 일반화된다. 비중을 보면 단연 주류 트렌드이자 화두로 제격이다. 초고령화가 불러올 기회 중 돋보이는 건 금융 섹트다. '늙어버린 돈'이 돈맥경화에 걸리지 않도록 회춘시켜주는 욕구, 방법, 정책이야말로 초고령사회의 뜨거운 관심사다. 선진국일수록 고령화발 금융산업의 새로운 기회창출이 일반적이다. 그들이 내수산업의 중심분야이자 자본강국, 금융대국의 면모를 갖춘 배경이다. 제조업에서 서비스업으로 무게중심을 바꾸는 성숙사회의 특수성은 곧 금융산업의 성장기회일 수밖에 없다. 물론 당장은 악재가 천지다. 은퇴노년이 늘면 저축과 투자는 줄어든다. 이론(생애주기가설)대로면 안전자산만 선호될 따름이다.

그러나 현실은 좀 다르다. 초고령화와 금융자산은 비례한다. 저성장일지언정 금융자산은 꾸준히 늘어난다는 의미다. 노후자산(은퇴대비)은 쌓이고 채권발행(복지재원)도 많아지기 때문이다. 문제는 많아도 갇히면 무용지물이란 염려다. 늙어가는 돈이 촉발한 돈맥경화, 즉 '부의 잠김'이란 특이현상이 예상된다. 그렇게 되면 아무리 돈을 풀어도 돌지 않는 유동성

함정 등이 발생한다. 성장을 독려하기 위한 자금을 공급해도, 정작 돈이 돌지 않으면 경제는 폐색된다. 그보다 더 걱정스러운 것은 치매 머니다. 치매에 걸린 부모가 보유한 동결자산을 뜻한다. 일본은 치매 머니가 GDP의 32%(175조 엔)까지 육박한다. 아직은 초기화두라 한국은 6%(154조 원)에 불과하나 앞으로가 걱정이다. 특히 부동산 등 실물자산 비중이 78%란 점에서 금융흐름은 더 불안하다.

늙어버린 돈이 주인을 바꾸는 이전수요는 전업자녀와 직결된다. 향후 금융 이슈 중 가장 민감하고 절실한 부문이 상속과 증여일 정도다. 그만큼 늙은 돈을 젊은이에게 옮겨주는 연결고리가 중요해졌다는 뜻이다. 그 효과는 다양하다. 활동적인 현역인구에 자산이 넘어가면 소비진작부터 경기활력까지 기대할 수 있다. 부자노인과 활력청년의 상생조합으로, 전업자녀와 닮은꼴이다.

늙은 돈의 회춘 루트에 전업자녀의 기대효과는 확정적이다. '고령 스톡 → 현역 플로'의 물꼬는 자발적, 내부적인 전업자녀 발생궤도와 정확히 일치한다. 각자도생의 내부교환이지만, 외부정책과 맞물리면 정합성은 더 커질 전망이다. 초고령화의 부모 이슈를 현역자녀의 성장기회로 전환하는 금융과제에 전업자녀는 제격일 수밖에 없다. 일본의 2024년 핵심정책 중 하나가 고령인구의 스톡(자산)을 청년그룹의 플로(현금)로 바꿔주는 것이란 점을 주목할 필요가 있다. 이는 '새로운 자본주의'로까지 칭해진다. 남아서 고여버린 돈의 뒷덜미를 잡기보다, 흐르게 하고 증폭시켜 순환효과를 내자는 얘기다.

4.
저비용 고효율의 인재혁신 예비후보

삐끗하면 끝이니 '열심히'로는 부족하다. 성적과 스펙은 1학년부터 관리한다. 그래도 청년들의 고난은 충격적이다. 집은 포기해도 밥은 걱정이다. 1인분이 힘든데 건사할 가족을 두기란 어렵다. 선진국 한국사회의 비참한 청년신세다. 목표는 오직 하나, 안정적인 고용쟁취다.

치열한 경쟁과 서울권 진입, 높아진 물가는 ±0.7명대 출산율의 핵심고리이자 좋은 일자리로 종속될 악재형 독립변수다. 문제는 안정소득의 일자리가 구직자보다 턱없이 적다는 점이다. 기술혁신으로 노동대체가 심화되며 1인당 생산성은 급등했다. 더 적은 인원으로 단시간에 더 많은 성과를 낸다는 말이다. 미력한 청년이 이렇게 되기란 어렵다. 저연령, 저숙련의 하류화다. 소득이 줄고 물가가 뛰면 삶은 피폐해진다. 그 와중에 급속의 기술혁신은 AI, AX까지 만나 고도화된다. 사람은 계속 덜 뽑는다는 얘기다. 좋은 일자리의 실종이다. 해법은 명쾌하다. 그럼에도 불구하고, 어쨌든 좋은 일자리를 확보하는 것이다.

전업자녀의 출현은 인구감소의 경로와 겹친다. 인구난제를 혁신자녀로 풀어내는 방법론을 고민할 때다. 단순노동 없이도 성장하는 2.0 신자본주의를 지향한다. 1.0이 노동, 자본의 요소투입이면 2.0은 인재, 혁신의 성장담론에 가깝다. 전자가 추격수혜의 패스트팔로라면 후자는 신질서의 퍼스트펭귄을 뜻한다. 전통적인 생산인구를 벗어난 달라진 고용모델과 새로운 시장창출이 중요하다. '인구감소+지속성장'의 신질서와 '선진국→중진국'의 탈락론은 종이 한 장 차이다. 기업부터 바뀔 참나다. 기업의 역량은 무엇보다 강하다. 노동수요, 욕구실현부터 재정유지, 성장동력의 원동력답게 사회를 유지하는 수많은 자원을 생산하고 연결한다. 무엇보다 기업은 인구감소의 이해관계자이자 해결수혜자

다. 이익도 판매에서 나오듯 고객 없는 매출은 없다. 전업자
녀가 가속화할 인구감소는 사양경고와 맞물린다. 매출하락
과 경기침체는 사실상 확정된 미래다. 인구가 있어야 기업
도 웃을 수 있다.

청년 구해낼 좋은 일자리 절실… '패스트팔로→퍼스트펭귄'

유사취지는 ESG트렌드에서 확인된다. 돈 벌어 공헌하기보
다 문제 자체를 비즈니스로 보는 접근은 기존질서를 붕괴
시켰다. 밸류체인의 가성비를 높여도 신질서와 맞서면 생
존할 수 없기 때문이다. 이로써 제2탄의 수축시장형 뉴노
멀이 떠오른다. '인구변화＝성장토대'를 원한다면 결국 '인
구위기→인재혁명'에 답이 있다. 인구위기를 인재혁명으
로 뒤집을 생산성과 부가가치를 증대하는 전략을 마련해
야 한다. 연공서열과 종신고용을 대체할 '채용→임금→승
진→퇴직'의 고용구조부터 수정하면 좋다. 청년희생이 전
제된 과거방식에서 중립, 중도적인 근로형태로의 전환을
뜻하니 말이다. MZ세대가 불편한 연공주의는 성과주의로

바꿔주는 게 옳다. 전업자녀처럼 누락인재를 활용하는 데 효과적이다.[76]

인구감소에 맞선 인재혁명은 일본이 선행 사례다. 우리보다 먼저 자연감소, 노동부족, 초고령화 등 인구학적 변곡점을 넘긴 일본은 인재혁명만이 폐색(閉塞)사회를 구원하리라 여긴다. 아베노믹스 1.0과 2.0(로컬 아베노믹스)에 이어 2017년부터는 미래투자전략을 업그레이드한 'Society 5.0'을 내걸었다. 포인트는 '기술혁신과 근로개혁에 따른 신성장',[77] 추진모델은 인재 및 생산성 혁명이다. 모두 인재에 초점을 맞추고 사람을 배려하는 강화책이다. 인재를 키워내 생산성을 높이면 초스마트 사회의 고부가가치화도 꾀해진다. 사실상 체제전환(Paradigm Shift)이란 평가다. 양적(인구)확대를 벗어나 질적(인재)개선을 통해 인재력이 발휘되는 호순환구조를 기대한다. 그래야 실질적인 고용확대, 소득증가, 생활향상이 재차 재원확보로 연결돼 새로운 기회를 창출할 수 있다. 심화된 글로벌 경쟁도 뛰어난 능력의 우수인재로 해소한다. 산업구조도 테크 혁신에서 확인되듯 IT화에 걸맞은 인재공급이 떠받친다.

전업자녀는 인구감소에 맞설 인재혁신의 유력주자로 제격이다. 1990년대부터 심화된 저출생형 인구감소가 20~30년이 지난 현재 청년인구를 희소자원으로 승화시킨(?) 일본 사례처럼 전략 여하에 따라 위기는 기회로 활용된다. 즉 '구직난 → 인력난'으로의 상황급변이다.[78] 일자리가 유지된다는 전제하에 초저출생은 유효 구인 배율(일자리/구직자)을 높이기 때문이다. 일본 청년의 행복한 몸값 인상은 줄어든 청년을 모시는 기업에서 완성된다. 인구위협을 인재혁신으로 수정, 활용한 전략 성과 덕분이다. 즉 사회문제로 부각된 은둔고립형의 청년 화두만큼 혁신돌파형의 비즈니스도 동시대의 의제였다. 이때 고생산성의 부가가치에 주목한 기업이 '청년문제 + 혁신사업'을 연결, 신시대형 인재모델을 타진했다는 평가다. 단순노동이 아닌 우수인재로, 물밑에 있던 청년을 혁신주체로 발굴하고 연계했다. 기술혁신에 걸맞은 근로개혁을 유도해 신성장동력의 지속 가능성도 타진했다.

전업자녀, '인구 오너스→인재 보너스'의 뉴노멀 실현에 제격

전통경로를 막아선 전업자녀가 1인분화를 향한 사회 데뷔로 전환할 때 발생하는 기대효과는 단순셈법을 넘어선다. 악재가 호재로 바뀌면 2배의 승수값이 기대된다. 사회적 비용절감과 경제적 편익확보의 양수겸장의 이중효과란 뜻이다. 가정경제로 봐도 '부모자산 → 자녀수입'의 일차원적인 내부고갈에서 '고용소득 → 순환소비'의 다층적인 외부연결이 가능해진다. 전업자녀라면 지불해야 할 유무형적인 갈등비용 절감분까지 감안하면 더욱 그렇다. 시대 트렌드란 점에서 전업자녀 자체로 존재가치의 유의미성을 도출하는 것도 중요하나, 이들의 재검토 추가적인 산출효과가 기대된다면 적극적인 활용설계도 자연스럽다.

그렇다면 관건은 일자리다. 전업자녀의 경로입구가 나쁜 일자리인만큼 사회 데뷔의 유도 출구는 좋은 일자리로 귀결된다. 좋은 일자리를 얼마나 많이, 길게 만드냐가 관건이란 의미다. 이때 전대미문의 기술혁신이 불을 지핀 4차 산업혁명은 훌륭한 직업재료로 손색이 없다. 기술기반의 향(向) AI 및 향 서비스는 태어날 때부터 포노사피엔스인 전업자녀를 물밑에서 건져내 평생에 걸친 새로운 1인분화를 완성해줄, 둘도 없는 유력후보다.

'인구 → 인재'로의 승격은 4차 산업혁명과 함께 설명력이 배증된다. 인재혁명과 생산성 혁명이 실현될 무대로 더할 나위 없다. 생산가능인구가 줄고 성장능력이 의심받는 선진국이 4차 산업혁명을 필두로 신성장동력에 골몰하는 이유다. 일본의 'Society 5.0'처럼 독일은 'Industry 4.0'을 국가 의제로 올렸다. 초기엔 신기술과 제조업의 융합고도화에 방점을 찍었지만 지금은 개념과 역할이 점차 확대된다. 첨단기술이 지닌 전형적인 잠재력과 포괄성에 주목해 미래 모델로 4차 산업혁명을 지목한다. 첨단기술 자체의 비즈니스화다. 혁신 주체는 당연히 사람이다. 전문적, 특화적 경쟁력을 갖춘 질적 인재를 뜻한다.

주지하듯 4차 산업혁명의 규모와 파장은 무한한 가능성을 지닌다. 인공지능, 로봇, 사물인터넷, 자율자동차, 가상증강현실, 나노테크, 빅데이터 등 새로운 비즈니스 모델로 확장된다. 기존을 뛰어넘는 '초(超)'란 수식어로 더 빨리, 더 많이, 더 넓게 산업·고용·소비영역을 열어젖힌다. 자본과

노동의 양적투입형 과거모델을 고집할 이유는 없다. 기여도
가 더 큰 총요소생산성을 높이는 대전환이 필요하다. 총요
소생산성은 사실상 혁신과 기술로 요약될 수밖에 없다.[79]

부모봉양, 가사업무에 특화된 서비스형 일자리 무궁무진

동시에 전업자녀는 초고령화의 수축사회답게 서비스 산업
의 필요노동과도 일맥상통한다. 즉 복지산업은 대표적인 서
비스업인데 전업자녀의 특화모델인 부모봉양과 가사업무
를 통해 이를 키워낼 수 있다. '사회복지 = 서비스화'란 점에
서 활용가치가 상당하다. 전업자녀라 추출되는 특수한 경험
과 환경에 주목하면 초고령화에 맞선, 생산적이면서 지속적
인 상황 반전의 주체로 쓸 수 있기 때문이다.

주지하듯 전업자녀는 친소관계를 떠나 부모그늘을 전제
한다. 대개는 부모자녀가 동거하지만, 근거(近居)든 별거든
부모자원의 자녀공유란 점에서 체감접점이 잦고 깊을 수밖
에 없다. 상당 비중의 일상을 함께해 사실상의 생활공동체
로 기능한다. 반면 독립자녀는 식구를 늘리는 가족분가 후

원가족(부모)의 다양한 생활문제와 노년욕구를 놓칠 확률이 크다. 나 살기조차 만만찮으니 효도는커녕 불효의 심적압박까지 가세한다. 그나마 부모세대의 신체, 금전 등 노후자유도가 높으면 낫지만 갈수록 노구(老軀)화는 불가피해 어떤 식이든 생활 속 노년한계는 불거질 수밖에 없다.

이때 전업자녀는 부모욕구의 일상변화를 지근거리에서 목격한다. 가사돌봄형의 전업자녀는 특히 직업적 숙련도(?)를 발휘하며 욕구충족에 최적화된다. 집안에서 스스로 제공하든, 외부에서 구매해 투입하든, 달라진 노년부모의 복지수요와 직결된 공급인재로 키워진다. 자녀생산과 부모소비의 교환체계다. 이미 외부화, 시장화된 1인분의 독립자녀는 알기도 힘들고 하기도 어려운 노년 부모의 욕구를 충족하는 일을, 전업자녀는 일상의 전담 마크로 체화한다. 결국 전업자녀는 초고령사회의 유력인재로 기대된다. 어차피 내수화, 서비스화의 선진경제로 향할 수밖에 없다면 강력한 시장인 노년수요를 선점하고 확대하는 일이 필수다. 이때 전업자녀는 차라리 준비된 인재로 손색이 없다. 부모필요의 일상공급이 그들의 일자리라면 눈만 사회로 돌릴 경우 거부반응

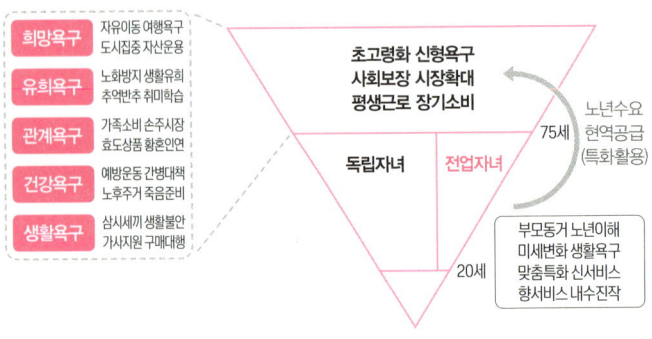

〈그림 4-4〉 노년욕구의 청년공급: 전업자녀 투입지점

희망욕구	자유이동 여행욕구 도시집중 자산운용
유희욕구	노화방지 생활유희 추억반추 취미학습
관계욕구	가족소비 손주시장 효도상품 황혼인연
건강욕구	예방운동 간병대책 노후주거 죽음준비
생활욕구	삼시세끼 생활불안 가사지원 구매대행

초고령화 신형욕구
사회보장 시장확대
평생근로 장기소비

노년수요
현역공급
(특화활용)

75세

독립자녀　전업자녀

20세

부모동거 노년이해
미세변화 생활욕구
맞춤특화 신서비스
향서비스 내수진작

없는 수혈효과를 기대할 수 있다.

즉 전업자녀의 부모투영을 통한 노년이해는 '인구감소의 양적위험 → 인재강화의 질적활용'으로 바꿔쓸 수 있다. 그렇다면 내일의 초고령화를 위해 오늘의 전업자녀 및 관련 현상을 관찰하고 질문하고 경험하는 전략으로 접근하면 좋다. 전업자녀는 부모와 가까이 있어 노년을 잘 이해하고, 변화한 노년의 욕구를 발굴하는 데에도 익숙하다. 또 부모세대에 맞춤특화된 새로운 서비스를 최적화해 제안함과 동시에 향 서비스의 내수진작에도 다목적 카드로 활용이 가능하다. 이를 통해 초고령화의 신형욕구, 사회보장 시장확대, 평생근로 장기소비의 달라진 초고령화가 낳을 새로운 비즈니스를 기대할 수 있다. 초고령화는 확장된 천지개벽의 시니어를 초청하고 접대한다. 이제는 환자 사업에서 미래 산업으로 갈아탈 시기다. 전업자녀의 부모세대가 아직 늙지도 않았는데, 벌써부터 욕구단계별 5대 메가시장이 열렸다. '생활욕구 → 건강욕구 → 관계욕구 → 유희욕구 → 희망욕구'의 필수재에서 사치재까지 아우른다(그림 4-4).

한편 전업자녀는 미래지향적인 청년특화형 고용힌트도 제공한다. 독특한 생활경험인 노년수요의 현역공급이라는 자녀 역할이 현실적이고 바람직한, 새로운 청년 일자리로 연결되기 때문이다. 한정된 일자리를 둘러싼 상호착취형의 노동경합이 아니라 노년수요를 청년공급으로 매칭하는 장기적, 안정적인 고용환경을 만드는 것이다. 이 시나리오는 초고령화의 한국사회가 결국 가야 하고, 갈 수밖에 없는 일자리 매칭 구조의 핵심이다. 가령 초고령화가 불러온 향 서비스의 신형욕구를 IT강국에서 태어난 청년그룹이 향 AI를 통해 공급하면 상호편익이 커지는 기대효과가 있다. 맞춤식 청년직업을 노년현상의 매트릭스로 고도화해 새로운 일자리로 품어 안는 것이다.

치열해진 세대긴장을 노청(老靑)연대의 모범사례[80]로 활용하는 최전선은 갈수록 늘어난다. 이처럼 세대협업이 지속 가능한 사회혁신을 낳는다는 주장은 설득적이다. 노년과 청년은 동기와 자원이 다르나, 오히려 그 차이가 시너지로 작용한다. 상호보완으로 취약성은 줄이고 포용성은 높이는 가치창출이 지향된다.

이대로면 전업자녀는 늘어날 수밖에 없다. 나쁜 일자리의 잘못된 신호가 반복되면 청년의 사회 데뷔는 줄어든다. 그렇다면 기업도 좋을 건 없다. 청년이 없고 혁신이 닫힌 기업에 미래는 없다. 요즘 가장 흔해진 직장병 중 하나가 '청년공포증'[81]이란 말까지 나올 정도다. "하라니까 하지만…"에 맞서 "여차하면 관두고…"는 세대불신과 소통부재의 단골 화두로 거론된다. 20대가 두렵다는 감정이 직장에서 새로운 병리처럼 퍼진 것이다. 보편적인 공포라는 증언 속에 그들과의 영혼 없는 대화가 속을 끓게 만든다고 호소한다. 앞서 언급한 일본 수준까지 달하면 권력 관계는 청년에게 넘어간다. 연장자의 생사여탈을 청년이 쥐면서 지식, 경험, 권한의 연장자는 사라진다.

전업자녀를 보건대 가정에선 이미 벌어진 현상이다. 일손이 부족한 일본기업이 희소자원인 청년 인재를 정중히 모시는 이유도 여기에 있다. 전업자녀 등 청년을 품어 안을 좋은 일자리는 사실 부모의 미래와 기업 존속과도 직결되기 때문이다.

5.
가족소비 최후보루와 사회보장 비즈니스

아파트는 과연 건재할까? 도발적인 의문이자 자극적인 질문이다. 종교에 가깝고, 전부가 들어간 내 집 아파트를 공론화하는 건 잘해야 본전이다. 모든 사람을 끌어당길 흡인력을 지닌 대형 화두라는 말이다. 그런데도 급격한 인구감소와 확대된 가족변용을 보면 아파트의 미래를 관통하는 화두를 묻을 수는 없다. 즉 아파트의 재구성론이다. 인구와 가족처럼 주거도 범용모델을 달리할 수밖에 없기 때문이다.

정리하면 4인 표준가족이 전제된 국민평형[82]은 설 땅을 잃는 대신, 1인화를 반영한 소형모델이 영역을 넓힌다. 여러 명의 적분형 가족소비에서 개개인의 미분형 싱글 소비로의 패턴 변화는 아파트도 받아들일 수밖에 없다. 반면 대항하는 흐름도 있다. 뭉쳐서 강한 가족소비를 재촉하는 반동추세다. 가족기능의 회복과 강화를 내세운 전업자녀의 등장은 가족소비의 최후보루로 위치한다. 1인화를 향한 미래 설득적인 신형주거가 전업자녀의 등판과 함께 엉거주춤하는 모양새다. 가족형 아파트가 장고(長考)에 빠진 것이다. 이에 관한 구심력과 원심력을 정밀하게 분석해야 한다. 새로운 현상은 미래소비를 알려주고 안내해줄 강력한 판단근거다. 세를 확산하는 전업자녀도 유력한 예비후보 중 하나다.

소비는 변한다. '가족소비 → 개별소비'로의 중심이동은 이미 시작됐다. 원코노미, 싱글슈머, 솔로 경제 등이 화제인 건 주지의 사실이다. 반면 달라진 가족욕구를 반영한 새로운 관계소비도 활황이다. 즉 소비현장의 주축은 한곳으로만 이동하지 않는다. 그래서 헷갈리고 뒤섞인다. 비유하자면, 1인화의 편의점이 승승장구할 때 대가족의 창고형 할인매장도 인기다. 욕구가 선호를, 수요가 가격을 정한다면 다종다양의 패턴 변화는 정밀분석의 대상일 수밖에 없다. 아파트라면 '월세 → 전세 → 자가'와 '소형 → 대형'의 연결만큼 정반대의 '분가 → 동거' 및 '독립 → 집합'의 회귀 및 반동흐름도 목격된다. 느슨한 연대의 전업자녀가 그 주도세력 중 하나다. 상반된 키워드는 '싱글 사회 vs. 대가족화'로 정리할 수 있다. 1인화에 최적화된 공간 제안만큼 강력해지는 대가족화를 실현할 새로운 공간 욕구도 커져간다.

달라질 집의 미래 모델 '대가족을 품는 공간의 힘'

물론 싱글 사회의 독신거주는 대세다. 결혼포기, 출산거부 등의 트렌드로 볼 때 대가족화는 이에 반할뿐더러 이렇다 할 관심 현상도 아니다. 다만 뜯어보면 대가족화를 뒷받침하는 정황증거는 많다. 먼저 비혼화다. 50세까지 결혼하지 않으면 생애 미혼으로 잡힌다. 연령대별 '미혼 → 비혼'의 흐름을 살펴보면 한국은 남녀 각각 2015년 10.9%, 5%에서 2025년 20.7%, 12.3%로 뛴다. 2035년엔 29.3%, 19.5%로 10년 터울로 10%P씩 증가세를 보인다(출처: 국가데이터처). 상당수는 전업자녀일 확률이 높다. 나 홀로를 흡수한 MZ세대가 가세하면 중년 싱글은 더욱 확대된다. 그나마 젊을 때는 분가생활이지만 직장갈등이나 부모봉양이 중첩되는 중년 이후에는 은퇴한 부모와의 합가가 늘어날 전망이다. '노년부모＋비혼자녀'의 살림 합치기다. 또는 처음부터 함께 살며 '고령부모＋중년자녀'의 전형적인 2세대 모델도 유력하다. '부모＋자녀＋손주'의 전통적인 대가족은 아니지만 현대판 대가족으로 봐도 손색없다.

일부지만 '부모＋(기혼자녀＋비혼자녀)＋손주'의 합가모델도 있다. 국이 식지 않는 '15분의 거리'에 살며 혈연중심적인 양육과 봉양을 실현하는 기혼자녀발 근거(近居)와는 구분된다. 근거 패턴은 자녀 결혼을 계기로 가족분화가 생겼을 때 유효하다. 비혼의 싱글 자녀와의 근거도 있지만 대부분은 일시적이고 조건적이다. 타인인 2차 가족의 배우자(사위, 며느리)처럼 독립 거주의 장점이 부각되지도 않는다. 핏줄의 공감력과 경제적 저비용을 보건대 비혼의 싱글 자녀와는 동거 카드가 꽤 합리적이다. 소극적인 캥거루족과 적극적인 전업자녀를 아우른다. 비용절감을 위한 실리차원에서 대가족화의 공생동거는 유력해진다. 넉넉하고 고학력일수록 분가 후 독립 또는 애초부터 동거를 택하는 경향도 높다.

과도한 자녀보호관을 감안하면 확산의 여지는 크다. 부모봉양, 금전절약, 가사편리, 대화빈도 등이 장점이라는 면에서 집값이나 실업 같은 경제 이슈만의 연유도 아니다.

대가족화가 추세라면 새로운 공간의 제안은 자연스럽다. 결혼과 출산을 계기로 가족분화가 이뤄진 전형적인 아파트 수요에 변화의 조짐이 일어난다. 신접살림이 주택 수요의 태반을 이뤘다면 앞으로는 더욱 다양해지고 세분화할 전망이다. 1인화를 대상으로 한 맞춤식 공간 제안처럼 전업자녀를 염두에 둔 신주거형태도 고려 대상이다.

일본에는 '2.5세대 주택'이 있다. 아사히카세이란 건설업체가 제안한 세대 융합적인 다세대주택인데, '부모+자녀(손주)'의 2세대형 직계모델에 결혼하지 않은 형제자매(0.5세대)가 동거하는 스타일이다. 나이를 먹었어도 함께 살기를 원하는 미혼자녀의 공간 욕구를 반영한 것이다. 현관 등 전용공간과 공유공간을 적절히 나눔으로써 갈등축소와 관계강화의 딜레마를 풀어냈다. 2013년 최초제안 때 0.5세대의 평균 이미지로 37세의 독신 커리어우먼을 지명했다. 일과 집의 양립조화는 물론 부모 자녀의 선순환적 공생장점에 주목해 화제를 모았다.

전업자녀의 독특한 생활욕구, 소비공간에서 미래 힌트를

양만 보면 질은 놓친다. 새로운 기회는 늘 가려진 채 다가온다. 싱글 세대 주택공급만큼 대가족화에 맞는 수요반영도 필요하다. 아직은 수면 아래에 있지만, 대가족화는 주거공간의 질적 변용을 선점할 신조류 중 하나다. 많은 게 달라졌고 또 달라질 터다. 집의 미래를 가늠할 신조류에의 관심이 필요하다. 아파트의 미래를 고민한다면 전업자녀에게서 설계와 입지 및 공용시설 등의 전략 힌트를 얻는 게 좋다.

예고된 저성장의 파고를 이겨내는 길은 달라진 고객과 욕구로부터 새로운 비즈니스 모델을 모색하는 방법뿐이다. 즉 소비야말로 한국사회의 미래지속과 직결된 최우선 확보동력이다. 소비진작을 위한 구조전환과 체질강화가 필수라면, 전업자녀는 달라진 소비풍경을 안내하고 주도할 조건과 능력을 두루 갖췄다. 전형적인 소비 패턴에서 벗어난 새로운 가족소비를 전담하기 때문이다. 선진국형 경제 모델은 내수와 소비 위주다. 수출, 생산의 개도국과 달리 소비의 결정력과 의존성은 절대적이다.

실제로 전업자녀는 답답해진 소비 라인을 강화해줄 다양성 및 확장성에 우호적이다. 저성장으로 힘들어진 내수경기를 끌어올릴 구원투수다. 전업자녀를 규정하는 특이환경이 과거에 없던 새로운 소비 수요를 창출할 수 있어서다. 즉 '독립연령＋부모의존'이란 딜레마가 '가족소비 vs. 개인소비'의 양극단형 소비분절을 한층 완화하는 신소비영역을 개척한 셈이다. 가족소비도 개인소비도 아닌 이쪽저쪽 성격이 적절히 뒤섞인, 결국 전업자녀라 기대되는 독특한 생활욕구과 소비공간을 만들어내리란 기대감이다. 물론 원래라면 평균 모델은 가족소비다. 가족분화의 자동전승이 톱니바퀴처럼 판박이의 가족소비를 물려줬다. 자녀로서 경험한 가족소비를 부모가 되어서도 반복, 전승한 것이다.

그런데 가족분화가 멈추면서 소비시장은 빠르게 재편된다. '가족소비 → 개인소비'로 대세가 전환한 것이다. 1인분의 한몫 역할이 힘겨워지며 가족분화가 연기, 포기되자 나홀로 카드로서 1인가구가 급증한 결과다. 소비시장이 더 확장되지 않으면 개인소비는 가족소비를 침범하며 세력확장에 나설 수밖에 없다. 제로섬이다. 물론 가구분화, 세대증가가 신규 살림을 뜻하며 싱글 경제를 쫙 올렸지만, 저성장 그림자 속 기대됐던 부가가치를 얻기란 만만찮다. 1인가구의 빈곤혐의도 이를 뒷받침한다. 결국 전통적인 가족소비는 분화포기로 줄어들고, 확장적인 개인소비는 구매 여력이 떨어진다. 소비시장 전체 파이가 축소지향에 내몰린다. 이때 전업자녀의 등판은 소비활로로 이어진다.

전업자녀는 독립분화의 개인 살림도, 부모슬하의 가족소비도 아니다. 그렇기에 정작 소비 차원에선 새로운 공간개척에 닿는다. '따로 또 같이'처럼 개별소비의 확장구매가 기대되기 때문이다. 가족소비는 '구매자≠사용자'에 가깝다. 전통사회라면 살림의 주체인 엄마가 가족욕구를 대리 구매한다. 아빠욕구 및 자녀항목인데도 광고 마케팅의 주력 소구는 엄마설득에 꽂힌 이유다. 4인가구로 불리는 표준가족이 내수소비로 구체화되려면 막강한 파워를 지닌 엄마를 공략해야만 했다. 이때 정작 엄마 욕구의 실현은 최소화된다. 반면 개인소비는 '구매자＝사용자'다. 본인필요는 본인구매

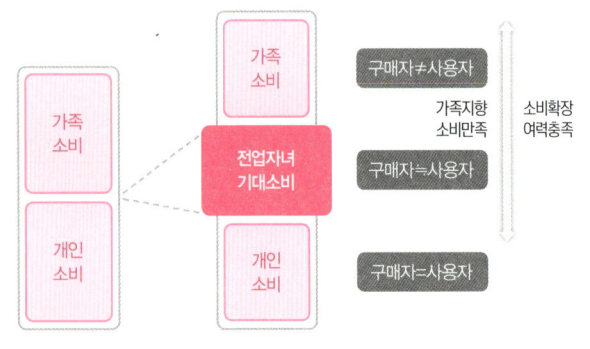

〈그림 4-5〉 전업자녀의 완충적 기대소비

로 해결한다. 지불과 사용이 분리된 가족소비가 없어 사치재가 아닌 한 구매욕구는 줄어든다.

전업자녀의 기대소비는 '구매자≒사용자'로 이해된다. 부모 지갑에 의존하나 전업자녀가 전담하는 살림 재편이 일반적이기 때문이다. 부모욕구를 위한 가족소비와 본인수요를 위한 개인소비를 둘 다 아우르는 격이다. 은퇴한 노년의 부모가 주저할 욕구를 적재적소에 맞춰 구매하고, 당사자인 전업자녀의 개인소비까지 연결된다. 분절될 시장 양분화를 전업자녀가 개입함으로써 다양성과 확장성을 끌어올린다. 원코노미가 신소비현상의 주요 화두인 것처럼, 전업자녀도 안착한 이후 특유의 느슨한 가족소비로 관심을 받을 전망이다. 전업자녀의 환경조건과 소비공간을 보건대 기대감이 높다. 못해도 분화포기로 폐업운명에 놓인 가족소비의 달라진 소환주체이자 새로운 최후보루로 제격이다(그림 4-5).

전업자녀형 가족변화가 낳은 기회, '최대산업=사회보장'

압권은 강력한 성장동력으로 떠오른 복지산업이다. 복지산업이 노년부모와 함께인 전업자녀를 만나면 시장조성은 한결 수월해진다. 즉 '복지욕구 → 성장기회'의 실현주체로 제격인 것이다. 초고령화를 보건대 미래시장의 최대산업은 사회보장일 수밖에 없다. 1인화에 맞설 완충경제 실현모델이자 사회문제로 전락할 확률이 높은 시니어를 편익확대의 비즈니스로 구해낼 일타쌍피의 추구가치를 갖는다. 이는 '제조 → 서비스'로의 흐름과도 맞물린다.

수출의존에서 내수강화로의 무게이동은 의료, 간병, 복지 파트의 제반 서비스가 유력주체다. 채택전략은 본업 경쟁력과 외부 파트너의 시너지를 뜻하는 '제조+서비스'의 합종연횡이다. 아마존, 쿠팡, 카카오처럼 데이터 확보 노력(적자 감내)을 통해 축소고객(인구감소)의 전체편익(평생 수요)에 주목한 접근 전략이다. 필요한 건 전업자녀의 주변 지점에서 목격되는 기회를 포착하는 일이다. 가족변화와 주력산업의 경계에는 훌륭한 보물이 많다(엣지 전략). 보물을 찾아내 구슬로 꿰는, 달라진 혁신실험 중에 가족위기는 매력적인 성장기회로 진화한다.

일본은 '가족변화 → 신흥욕구 → 사업기회'를 찾아낸 선행사례다. 초고령화를 최후의 블루오션으로 본다. 인구는 많고 욕구도 달라 신사업화에 제격이다.[83] 최대산업답게 고용유발은 매력적이다. '탈(脫)제조 → 향(向) 서비스'의 산업변화를 주도할 핵심기둥은 의료, 간병의 사회보장으로 정리된다. 실제 의료, 복지 파트 취업자는 수직 증가세를 보인다. 총취업자는 줄어도 사회보장 쪽은 되레 늘어난다.[84] 경제 규모가 큰 대형산업을 키우는 건 자연스럽다. 고도 성장기 고용과 매출 수준이 압도적이던 토목산업이 승승장구했던 것과 같다. 특히 사회보장은 정부 주도여서 공공성이 강조돼 민간과 시장 참여가 제한됐던 특수성도 고려대상이다. 민간

공급이 적었던 만큼 새롭게 풀리면 시장 조성은 고무적이다. 초고령화에 따른 수요급증, 재정악화를 해결하려면 신형주체의 등판이 불가피하기 때문이다. 정부로서는 '공공성 +효율성'의 양수겸장을 위해 정책 역할은 유지하되 민간위탁과 규제 완화를 통한 유효공급을 고려할 수밖에 없다. 공공성 탓에 반론도 많지만 현실은 민간주체와 시장의존을 요구한다. 유럽도 복지의 산업화인 웰페어노믹스(Welfare+Economics)에 주목한다.

그렇다면 전업자녀는 미래 활로를 책임질 주도그룹 중 하나일 수밖에 없다. 노동집약과 표준가족 그리고 바통터치로 성장해온 과거 모델은 고빗사위에 섰다. 과거와의 결별은 빠를수록 좋다. 시대변화 속 작지만 거센 흐름으로 등장한 전업자녀의 존재와 속내를 결코 무시하거나 배제해서는 안 된다. 적정한 자원배분과 효율의 시장원리가 부딪혀 당연시됐던 1인분을 내려놓은 후속세대를 수면 아래에 방치하기보다는, 성장동력으로 치환해 사회 전면에 내세울 전략을 수립해야 한다. 그들에게 좋은 일자리를 제안함과 동시에 가족소비의 최후보루이자 최대산업이 확정적인 사회보장에 적극 활용하는 일은, 그래서 선택이 아닌 필수의 영역에 속한다.

무엇보다 전업자녀의 개인존중과 자기실현이 수용되고 강조되어야 한다. 기술혁신, 산업변화, 복지재편, 빈곤확대 등 복잡다단한 시대 흐름을 올라탈 유력한 실마리를 지니고 있기 때문이다. 전업자녀는 한정 이슈가 아닌, 사회 전반의 거대한 흐름이다. 지속되면 영향이 넓어지고, 확대되면 대응이 필요할 수밖에 없다.

1   선진국 중 최저치다. 전 세계 7개국뿐인 3050클럽(1인당 국민소득 3
     만 달러+인구 5,000만 명)은 물론 도시국가를 뺀 정상국가 중 압도적
     인 저출생 1위다. 문제는 아연실색할 속도다. 1983년 2.1명을 하향
     돌파한 후 2004년 1.3명을 또 뚫고, 지금은 그 절반인 ±0.75명까지
     내리꽂는다.

2   김기봉(2009), 〈우리시대 가족이란 무엇인가: 영화로 보는 질문과
     대답〉, 드라마연구 Vol-.No.30, 한국드라마학회, pp.121-127

3   筒井淳也(2016), 《結婚と家族のこれから―共働き社会の限界》, 光文
     社, pp.16-17 및 pp.198-213

4   줄리 리스콧-헤임스(2017), 《헬리콥터 부모가 자녀를 망친다》, 두레,
     pp.131-232

5   로렌스 스타인버그(2024), 《50이면 육아가 끝날 줄 알았다》, 저녁달,
     제1장

6   이진숙 외(2024), "부모의 성인자녀 지원에 대한 태도 변화: 2010-
     2020", 한국인구학 제47권 제2호, 한국인구학회, pp. 74-76

7   90년대는 고성장을 맞봤고 저성장과 부딪힌, 행복과 불행의 경계를
     넘나든 독특한 시대경험을 갖는다. 압권이 '90년대 여대생'이다. '남
     존여비 → 남녀평등'의 주체였고 객체였다. 남아선호의 혁파와 성별
     균등의 시대를 열어젖힌 선두세대였다. '딸아들 구분말자'는 표어
     속에 90년대 대학진학률은 여대생의 가세로 급등했다. 10년간 30%
     대에서 60%대로 뛰었다. 역사상 평균적인 고학력화의 단기완성은

사례조차 드물다. 그들이 엄마가 됐다. 그들의 ±30년은 자녀관에 그대로 투영된다. 양성조화와 다양주의를 토대로 달라진 인생가치와 자원배분을 자녀에게 가르친다. 고학력, 대기업의 멈춰선 과거모델보다 자녀행복의 새로운 가치기준이 먼저다. 이때 전업자녀는 후보모델 중 하나일 뿐이다.

8 《50이면 육아가 끝날 줄 알았다》, 제2장(pp.43-44)

9 每日新聞(2025.06.15.), "米国の若者が夢見る仕事-専業息子", https://mainichi.jp/premier/business/articles/20250613/biz/00m/020/006000c?utm_source=chatgpt.com

10 ScreenRant(2025.5.29.), "Jeopardy!'s Brendan Liaw Reveals The Truth About Viral 'Stay-At-Home Son' Introduction", https://screenrant.com/jeopardy-brendan-liaw-reveals-truth-viral-stay-at-home-son-introduction/?utm_source=chatgpt.com

11 서울신문(2024.11.04.), "청년 30.2% 주거독립 필요치 않다, 다 컸는데 안 나가는 '新성인'", https://www.seoul.co.kr/news/society/2024/11/04/20241104500242?utm_source=chatgpt.com

12 부산일보(2023.09.06.), "전업자녀 vs. 홈 프로텍터", https://www.busan.com/view/busan/view.php?code=2023090520095418241

13 가령 지금 100원과 1개월 후 110원 중에선 100원을 먼저 고르지만, 12개월 후 100원과 13개월 후 110원은 110원을 선택하는 경향이 잦다. 합리적이기보다 감정적, 직관적인 의사결정이다. 그러므로 이를 풀어낼 넛지가 필요하다. 즉각적인 보상유혹 대신 나중에 더 가치 있고 오래 지속되는 보상을 고르는 능력(지연만족=Delayed gratification)을 키워 할인율을 줄여주는 것이다. 그러기 위해서는 미래보상을 구체적으로 제안하고, 즉각적인 피드백을 통해 미래보상을 과소평가하지 않게 조치해야 한다.

14 박한슬(2025), "K가족주의 세계화, 한국은…", 조선일보. https://www.chosun.com/culture-life/culture_general/2025/08/13/LHPH5FBIG5GAXCMMALL4EVCCXI/

15 山野良一(2008),《子どもの最貧国·日本》, 光文社, pp.25-50

16 한겨레신문(2019.10.19.), "이젠 집에서 나가 독립해라…미 부모, 30살 아들에 승소", https://www.hani.co.kr/arti/international/america/846009.html

17 중앙일보(2023.06.24.), "부모 돌보고 월급 받는다…'전업 자녀' 길 택하는 中 아들 · 딸", https://www.joongang.co.kr/article/25172209

18 경향신문(2023.07.19.), "부모가 사장님? 극심한 실업난에 '전업자녀' 택한 중국 청년들", https://www.khan.co.kr/article/202307191334001

19 매일경제(2025.02.12.), "전업자녀를 아시나요…똑닮은 한중 일자리 전쟁", https://www.mk.co.kr/news/society/11239024

20 중국 정부가 2021년 유행한 '탕핑현상(바닥에 드러누워 아무것도 하지 않는다)'을 금기어로 정한 반면 전업자녀는 통제하지 않는다는 점은 주목할 만하다. 최소한 뭔가는 한다는 점에서 전업자녀의 긍정성과 안심감을 알리려는 의도로 해석된다. 동아일보(2023.06.22.), "취업난에 농촌복귀 운동에…中청년들, 부모와 '전업자녀' 계약한다?", https://www.donga.com/news/Inter/article/all/20230622/119896085/1

21 고용약화가 불러온 일시적이고 단편적인 사회현상이란 분석에 힘을 싣는다. 아시아경제(2024.11.30.), "전업자녀 할래요…경제 불황에 부모 믿고 '느린 취업'", https://www.asiae.co.kr/article/2024112616230955419)

22 가족사회학의 관점에서는 탈전통화 이론(Giddens)으로 설명된다. 전통적 가족규범이 약화되고, 개인이 스스로 관계와 삶의 방향을 선택하는 개인화된 시대를 뜻한다. 반면 전통적인 유교가치가 잔존하는 한국은 가족결속의 정서교환이 강해 자아분화의 수준이 낮은 경우가 적잖다. 부모자녀의 경계가 모호하다는 의미로 독립을 위한 심리적, 경제적 기반이 부족해 분화가 늦어진다는 뜻이다.

23 가족생활주기론은 듀발 및 밀러(Duvall & Miller)의 8단계(연령, 구조, 과제 등 기반분류)를 준용한다. 결혼시작, 자녀출산, 자녀교육, 청소년화, 자녀독립, 중년부부, 은퇴진입, 노년생활 등이다.

24 커터 및 맥골드릭의 6단계(가족발달 및 변화초점)는 성인분리(부모독립), 커플결합, 가족확장, 자녀독립(가족축소), 후기생활(성인자녀, 부모 노후), 가족해체를 뜻한다. 전업자녀는 역시 3단계와 4단계에서 발생, 전형적인 가족발달에 대항한 신현상일 수밖에 없다.

25 황광훈(2024), 〈청년 패널 조사로 본 2030 캥거루족의 현황 및 특성〉, p.1

26 변금선 외(2024), 〈서울시민의 생애과정 변화에 따른 빈곤 위험 대응방안〉, 서울연구원, pp.56-84

27 경제활동인구는 일할 능력이나 의사가 있고 실제 일하거나(취업자) 구직활동자(실업자)를 뜻하는 반면 비경제활동인구는 능력은 있지만 의사가 없거나(주부, 학생, 구직단념자 등), 일할 능력 자체가 없는 사람을 말한다.

28 취업도 실업도 아닌 비경활인구 중 일할 능력과 의사가 있지만 특별한 사유 없이 그냥 쉬고 있는 상태를 뜻한다. 구직활동을 하지 않으며, 특정 이유(학교, 가사, 질병 등)가 없는 단순한 쉼이 특징이다.

29 청년인구(15~29세, 약 770만 명) 중 비경활인구는 약 416만 명인데, 이 중 학생(214만 명) 다음으로 많은 게 10%대의 '쉬었음(41만 명)'이다. 고용시장의 진입을 미루거나 단념한 경우로 이해된다. 이 밖의 사유는 가사(13만 명), 질병(8만 명) 등이며 입대 및 취업 준비, 어학연수 등 구분되지 않는 기타사유(140만 명)도 많다. 실제 통계가 있는 2021~25년을 비교하면 학생은 줄고(54.5%→51.0%) '쉬었음'은 늘었다(9.2%→9.8%). 쉬었음은 불황압박이 컸던 코로나19로 급증한 후 완화된 특징을 보이는 반면 기타사유는 조금씩 늘어난다.

30 한국청년 중 2025년 6월 기준 시간관련 추가취업가능자 13만 1,000명, 잠재경제활동인구 31만 3,000명으로 추정된다. 실업자(23만 7,000명)까지 합하면 67만 명을 웃돈다. 비경활인구 중 청년의 '쉬었음'은 40만 8,000명으로 30대(29만 5,000명), 40대(26만 2,000명)보다 많다.

31 국가데이터처(2025), 〈7월 고용동향〉, pp.17-18

32 매일신문(2024.08.18), "그냥 쉬었다 청년 44만 명, 역대 최대…

75% 일할 생각 없다", https://n.news.naver.com/article/088/0000898829?sid=101 및 국가데이터처(2025), 〈7월 고용동향〉

33 조선일보(2017.05.16.), "중년 캥거루, 남의 이야기가 아니다", https://v.daum.net/v/20170516084220800

34 동아일보(2023.12.06.), "서울 청년 2명 중 1명은 빈곤, 생활비 부모에 손 벌려", https://www.donga.com/news/Society/article/all/20231206/122500536/1?utm_source=chatgpt.com

35 KB의생각(2023.09.25.), "1화. 청년의 독립과 소득", https://kbthink.com/main/economy/economic-in-depth-analysis/economic-research-report/series2-230925.html?utm_source=chatgpt.com. 세분화하면 25~29세의 ±80%, 결국 5명 중 4명은 부모와 함께 산다는 통계도 있다. 30~34세는 53%로 2012년(46%)보다 다소 늘어났다(한국고용정보원 청년패널조사, 2012-2020).

36 무급가족종사자는 가족이 운영하는 사업체에 종사하며 임금을 받지 않는 사람을 말한다. 가족사업에 기여하지만 임금, 수익배분의 계약이 없는 경우(ILO)다. 옛날에는 많았지만 지금은 전체취업자의 약 3.4%다(2023년). 과거 농림어업·소상공인 등 영세규모에서 여성, 특히 60세 이상이 많았다. 이때 임금보다는 주거, 식사, 용돈 등 비화폐적인 보상이 채택된다. 가계 단위의 생계유지 목적이 강하기에 현금수입보다 가족소득을 유지하는 게 우선인, 일종의 희생 또는 봉사로 여겨지는 까닭이다. 아직은 극히 일부이지만 전업자녀의 유추통계 중 하나로 관찰할 필요가 있다. 15~29세 무급가족종사자는 최근 1년(2023.8~2024.8)에 1만 1,000명 늘었다. 30~50세는 감소세라 일시현상인지 장기 흐름인지 지켜보는 게 추세파악에 좋다.

37 국가데이터처(2024), 〈2024년 8월 경제활동인구조사 비임금근로 및 비경제활동인구 부가조사 결과〉 pp.3-4.

38 田蕴祥(2024), '计划行为理论视角下"全职儿女"的形成 体验与因应研究', 文被人大复印报刊资料《青少年导刊》, 2024年 第6期, pp. 47-56

39 매일경제(2024.07.17.), "캥거루족 韓 OECD 1위, 20대 81%가 부모에 얹혀산다", https://www.mk.co.kr/news/business/11069567

40 주민등록인구통계 "행정동별 연령별 인구현황"

41 정확하게는 765만 명(20대 580만 명+31~35세 185만 명)에 달한다 (2025년 7월, 행안부).

42 Andrew O'Hagan(2024), "Leaving home used to be a rite of passage", 〈The Guardian〉. https://www.theguardian.com/books/2024/mar/30/leaving-home-used-to-be-a-rite-of-passage-andrew-ohagan-on-family-freedom-and-a-generational-divide?utm_source=chatgpt.com 부커상 장기후보로 유명한 영국의 앤드루 오하간은 특히 폭등한 영국 집값을 계기로 주거비용이 성인 자녀의 부모독립을 심화한다고 지적했다. 자녀독립이 선택이 아닌 현실적 제약이란 점에서 강력한 사회문제란 입장이다. 다만 물리적인 의존 생활에도 불구, SNS나 유튜브 같은 가상공간에서는 독립된 자아구현도 늘고 있다고 본다. 이 과정에서 구성원 간 감정적인 복합성과 충돌지점이 늘어난다.

43 류성한(2023), "치솟는 중국의 청년실업률, 전업자녀까지 등장 실태 감추려 노심초사하는 관영 언론", 〈신문과 방송〉 10월호 No.634, pp.80-83. 탕핑족(평평하게 누워 있다는 뜻으로 몸과 마음이 지쳐 더는 노력하지 않는 태도), 996(아침 9시부터 저녁 9시까지 주 6일을 일하는 게 표준인 업무강도), 마음의 위안을 찾고자 사찰을 찾고 잠깐의 기대와 일탈을 경험하고자 쇼핑몰이나 편의점 등에서 복권을 사는 현상이 붐처럼 나타났다. 실제 비경활인구로 실업률에서 빠지지만, 구직활동에 열심인 아들딸은 많다. 결국 취업난은 일시이탈을 통한 실력향상 동기를 높인다. 전업자녀가 환경악화에 따른 노동시장 진입연기와 해당 기간 실력도모를 위해 만들어진 의도적, 긍정적인 사회현상이란 얘기다.

44 진신(2024), "중국의 청년 취업 논쟁과 '느린 취업', '전업자녀' 현상", 〈성균차이나브리프〉 12권 3호, 성균중국연구소, pp.51-57. 이로써 대졸취업은 20%에 머물고, 대학원 진학은 40~70%에 이른다. 그나마 모집인원이 적어 입시경쟁은 치열하다. 취업준비를 위한 또 다른 진학준비로 서구형의 갭이어와는 구분된다.

45 서울경제(2024.10.13.), "고졸보다 더 불행해…배울 만큼 배웠는 데 백수인 '전업 자녀'들의 눈물, 왜?", https://www.sedaily.com/ NewsView/2DFJVN3NZS

46 중앙일보(2025.09.02.), "10년 지나도 월급 200만 원…이래서 '쉬었 음 청년' 됐다", https://www.joongang.co.kr/article/25363554. 푼돈 (?) 받으려 스트레스 받으며 사느니 가볍게 제 한몸 그때그때 건사 하자는 일본의 프리터도 이런 배경에서 급증했다. 십분 양보해도 회 사를 관두는 건 성과와 무관한 불필요한 야근과 노력에 대한 정당 한 보상이 결여된다고 봐서다. 아무리 노력해도 미래가 어둡다면 무 기력한 출퇴근을 지속하기는 어렵다. 그들이 원하는 건 어쩌면 기본 을 지키는, 일한 만큼 대접받고 인간답게 일하는 직업일지 모르지만 현실은 녹록잖다.

47 한국경제신문(2025.06.15.), "'서울에선 캥거루족이 낫다'…40년 째 부모님과 동거하는 속내", https://www.hankyung.com/article/ 2025061327787?utm_source=chatgpt.com. 이 기사에서 2건의 부 모 입장 사례를 임의로 하나로 모아 정리했다.

48 한다혜 외(2021), "캥거루족 가구의 소비패턴 유형화와 가구주의 삶 의 만족도에 관한 연구", 〈소비문화연구〉, Vol.24, pp. 173-203

49 모호한 경우, 자녀소득이 최저임금 이하면 독립성 충족 불가로 캥거 루족에 포함한다.

50 오호영(2015), '캥거루족의 실태와 과제', 〈KRIVET Issue Brief(81)〉, 한국직업능력개발원, pp.1-4

51 가구주의 삶의 만족도는 어떨까? 자녀용돈비 중심형은 경제력에 걸 맞게 전반적으로 높다. 반면 보건의료비 중심형은 낮다. 식비주거비 중심형은 주거불만이 높고, 교육비 중심형은 가족관계에 만족하는 경향성을 보였다. 동시에 가구주는 캥거루족을 통해 주거환경과 가 족관계 만족도를 높이 쳤지만, 지출부담 탓인지 수입·여가활동 만 족도는 비례하지 않는다. 같은 캥거루족이나 개별특성별 삶의 질이 달라진다는 의미다.

52 영남일보(2023.08.30.), "[자유성] 전업자녀", https://www.yeongnam.

com/web/view.php?key=20230828010003673. 개인적으로는 동의하기 어렵다. 상상 범위를 넘어서는 중국 청년의 놀라운 이모저모나 신 트렌드로 치부하기엔 한국상황도 중국환경과 크게 다르지 않다. 무엇보다 시대변화가 소환한 전업자녀의 합리성이 유효하다. 물론 효도의 대가로 돈을 받는 건 낯설고 이상하다. 대가 없이 키웠건만, 이후의 효도는 교환(거래)하자고 하면 부모는 속상할 것이다. 하지만 현실에선 오히려 합리적일 수 있다. 무한경쟁, 비용폭증, 소득난항의 환경변화 속 부모도 살고 자녀도 사는 묘책일 수 있어서다.

53 キャリコネニュース(2015.06.18.), ‘〈中年パラサイト・シングル〉のお気楽生活　結婚もひとり暮らしもせず実家に寄生するのは悪なのか？’, https://news.careerconnection.jp/news/social/13046/?utm_source=chatgpt.com

54 インベストオンライン編集部(2019.5.29.), “孤独死の5割は65歳未満男性が8割を占める”, 검색일(2025.10.03.)

55 池上正樹(2019),《ルポ 8050問題》, 河出新書, 第1章

56 실제 전업자녀의 연령대가 2040세대인 이유도 인구위기선인 2.1명 하향돌파의 원년(1983년) 이후 출생과 연결된다. 그 부모세대가 현재 베이비부머에 해당한다. 이들은 절대빈곤과 함께 은퇴 및 노후에 진입한 전쟁세대보다 확실히 부유하고 똑똑하다. 따라서 1955~74년생 1,700만 명이 유력한 부머그룹이면 그들의 아들딸은 소중한 전업자녀 또는 그 언저리에 있을 확률이 높다. 80년대 이후 세대라 이제부터의 본격화와 가속화되는 고령화도 관전포인트다.

57 工藤啓・岡田玲介(2016),《無業社会-働くことができない若者たちの未来》, 朝日新聞出版, pp.33-90

58 香山リカ(2012),《若者のホンネ-平成生まれは何を考えているのか》, 朝日新聞出版, pp.13-54

59 原田曜平(2013),《さとり世代-盗んだバイクで走り出さない若者たち》, 角川書店, pp.129-160

60 内田樹(2007),《下流志向-学ばない子どもたち‘働かない若者たち》,

講談社, pp.9-13

61 취업과 노동은 현대청년에게 본질적으로 불합리한 강제체계다. '욕
망억제(본인)+요구수용(타인)'인지라 왜 불쾌한 일을 하면서 돈을 벌
어야 하는가에 의문을 갖는다. 태어날 때부터 고성장의 수혜를 받으
며 소비자로서 자아정체성을 내면화했기에 근로현장에서도 서비스
제공자(직원)보다 수용자(고객)에 익숙하다. 즉 노동은 자기실현의
장이 아닌 불합리한 희생의 강요공간에 가깝다. 그런데도 일하지 않
으면 청년책임으로 몰아붙이는 자기책임론은 그들에게 탈출의지를
높인다. 가뜩이나 노동이 가족유지나 사회기여 같은 전통의미를 상
실한 마당에 불안정성의 근본적인 회피의지만 드높인다. 자기정당
화도 강화되며 하류지향성은 공고화된다.

62 禹宗杬·沼尻晃伸(2024),《〈一人前〉と戦後社会》, 岩波新書, pp.9-
17. 유의미한 1인분의 정의라면 기능 등이 보통의 평균영역에 달한
것을 뜻한다. 또는 그 세계에서 통용될 정도(일본국어대사전)다. 특정
기능보다는 본인가치를 평범하게 인정받는 넓은 의미가 바람직한
데, 이를 둘러싼 외부승인은 논쟁적이다. '전통사회=남녀동등'인 반
면 '기업사회=성별차등'인 상황에서 남성의 1인분화 압박은 거세진
다. 실현하지 못하면 분가독립은 불가능해진다. 산업혁명 후 주류가
된 기업사회 속에서 고용상황과 가족경영의 생활은 변한다. 남성은
일하는 공간에서, 여성은 생활의 공간에서 개별역할을 나눠 작게는
가족을, 크게는 1인분의 승인구조를 매개로 서로 연결되며 분업화
된다. 맞벌이의 현대사회에서는 이런 구조가 더 극명해진다.

63 筒井淳也(2025),《人はなぜ結婚するのか-性愛·親子の変遷からパ
ートナーシップまで》, 中公新書 2859, pp.7-40, 99-102. 원래 가족
은 회사조직처럼 운영된다. 가족이 곧 노동단위로 기업이라 부르는
조직기능을 대신했다. 농경사회에서 가족은 분업체계의 기업처럼
움직인다. 가장은 사장, 아내는 운영, 자녀는 인턴 등의 역할을 맡는
다. 기업승계처럼 가업상속도 자연스럽다. 단순 혈연집합이 아닌 경
제공동체에 가깝다. 여기에 질서유지와 인구관리의 냉정한 수단으
로 활용됐다. 국가가 개인을 효율적으로 관리하는 장치답게 등록하

면 혜택을, 거짓이면 벌칙을 통해 사회를 통제했다. 산업혁명 후 외부시장이 발달하며 가족형 생산단위는 사라진다. 재생산(자녀출산)과 정서공동체로 축소되며 생산은 별도 외부조직으로 이관된 것이다.

64 이로써 졸업 및 취업과 결혼 및 출산의 연결고리는 수정된다. 달라진 자녀는 새로운 카드를 만지작거린다. 취업하지 않고 결혼하지 않는, 1인화의 인생 게임에 한 표를 던진다. 좋은 일자리의 기준조차 바뀌었다. '고연봉/야근 vs. 저연봉/칼퇴'의 선택지를 물었더니 MZ세대의 절대다수가 후자를 택했다는 조사가 이를 뒷받침한다. 지켜보는 부모로선 속 탈 노릇이나, 자녀에겐 당연한 선호결과다.

65 맬서스는 더는 한국에 안 먹힌다. 산업혁명기 정부의 선심성 구빈정책이 고출생과 빈곤악화를 유도하니 개입 말라는 주장은 '인구증가>식량증가'로 정리된다. 인구가 25년마다 2배씩 늘면 200년 후 인구(256배)와 식량(9배)이 벌어져 파국일 걸로 내다봤다. 그래서 금욕, 만혼 등 예방적 억제정책을 제안했다. 그러나 한국청년은 이에 전부 맞선다. 식량도 정부지원도 늘었지만 스스로 번식본능을 포기한 것이다. 어쩌면 청년인식은 정책단위를 넘어섰다. 일자리는 나쁘고, 자녀부담은 커지며, 주거비용은 무겁고, 양립조화는 힘들기 때문이다. 모든 청년환경은 출생포기에 닿는다.

66 島田裕巳(2016),《もう親を捨てるしかない-介護・葬式・遺産ば要らない》, 幻冬舎, pp. 15-37

67 대표사례는 미나토(港)구의 '시바우라아일랜드'다. 도쿄도심의 일등지답게 신주거스타일을 주도한다는 평가다. 고령자 주거동을 따로 두고 병원, 공원 등을 배치한 세대공존의 욕구를 반영한 점이 핵심이다. 2007년 완공됐는데, 한국에선 추성훈 아파트로 유명하다. 임대료 1위로 프리미엄 세대공존 아파트의 선두주자로 알려졌다. 이외에도 인근지역의 빌라타워도쿄, 황궁근처 도쿄타워레지던스, 롯폰기의 아자부다이힐스 등도 세대공존형 주거단지로 건설됐다. 정부도 거든다. 초고령화와 가족간 복지부조 등을 보면 세대맞춤의 교류형 친화주택은 다양한 기대효과가 있기 때문이다.

68 内田樹 編(2021),《人口減少社会の未来学》, 文藝春秋, pp.130-179. 축소사회가 즐거울 리 없다. 현실부정도 사치다. 무조건 긍정하기보다 현실에서 채택함 직한 실천적인 생활전략이 필요하다. 재생산이나 성장에 기대지 않고 그나마 보유한 가계자산을 함께 나눌 때 삶은 버틸 만해진다. 많아도 싸우면 부족하나, 적어도 나누면 충분하다는 사고방식을 강조한다.

69 古市憲寿(2011),《絶望の国の幸福な若者たち》, 講談社, pp.20-40. 책의 인용조사(内閣府・国民生活に関する世論調査)를 보면 20대의 70%가 행복하다고 했다. 청년의 객관적 경제력은 낮지만 주관적 행복도는 높다는 의미다. 사회는 절망으로 보나, 당사자는 의외로 긍정적이다.

70 三浦展(2005),《下流社會, 新たな階層集團の出現》, 光文社新書 221, 光文社, pp.157-177. 전업자녀가 중심이 된 본인다움의 담론확산은 일본도 버블붕괴 후 1990년대부터 확산된다. 다른 이들과 같은 길을 걸어갈 필요 없이 본인답게 살면 된다는 가치관의 확대다. 사실 긍정적인 자아실현의 담론이라기보다 안정된 사회기반이 무너진 상황에서 불가피한 체념적 태도로 변질된 느낌도 있다. 열심히 노력한들 올라갈 수 없으니 자신의 처지를 본인다움으로 정당화하는 경향이 강해진다. 가령 독립해서 살 수 있지만, 본인가치인 가족행복을 위해 전업자녀를 택했다는 식이다. 언뜻 자유로운 길이나, 경제적 제약 속에서 선택지가 제한된 결과에 가깝다. 불안정한 삶을 합리화하는 방어기제다.

71 工藤啓・岡田玲介(2016),《無業社会-働くことができない若者たちの未来》, 朝日新聞出版, pp.179-202. 일본의 15~39세 무업인구는 483만 명으로 추산된다. 개인적 문제를 넘어 구조적 과제로 격상, 지금 개입하지 않으면 더 값비싼 비용을 치를 것으로 확신한다. 1인분과 생활보호자의 평생격차가 1억 5,000만 엔이란 추정통계는 전업자녀의 전환가치도 상당함을 시사한다. 선심성 복지 대상이 아닌 성장을 위한 자원으로 쓰자는 의미다.

72 田蕴祥(2024), '计划行为理论视角下"全职儿女"的形成 体验与因应研

究', 文被人大复印报刊资料《青少年导刊》, 2024年 第6期, pp.47-56

73 何雨(2024), '全职儿女: 是暂时现象还是持续趋势? 从代际发展不平衡的角度进行审视', 《中国青年研究》, 2024.09

74 가족 누군가 부모돌봄에 투입되는 순간 절망은 끝없이 반복된다. 신체적, 금전적 부담에 가족파탄까지 2014년 일본정부가 3대 국정의제 중 하나로 '간병퇴직 제로실현'을 내건 배경이다. 간병 탓에 일을 그만두는 사람만 연간 10만 명에 달한다.

75 서울신문(2025.01.25.), "女전업주부 무급 가사노동 가치 연 2800만 원↑" 및 국가데이터처, 가계생산위성계정 홈페이지. 2019년 국가데이터처 생활시간조사에서 산정한 기혼·비취업여성의 가사노동 시간(일평균 7.03시간)에 시간당 평가액(1만 1,209원)과 근로기간(월 30일·12개월)을 곱해 산출한다. 무급 가사노동의 적절한 인정과 평가를 통해 사회적 기여도를 파악하고자 개발된 가계생산위성계정(2023)을 보면 기혼, 비취업여성의 1인당 무급 가사노동 가치는 연 2,837만 원으로 추정된다. 빨래, 요리, 청소, 돌봄, 장보기 등을 포괄하는데 2019년 자료를 토대로 해 현재치로 반영하면 가치상향은 불가피하다. 그 밖의 관련추정을 요약해도 얼추 월 250만~330만 원대로 확인된다. 시장임금으로 환산한 범위로 가사업무의 다양한 역할을 폭넓게 인정하는 미국은 훨씬 높은 연 18만 4,000달러라는 분석(Salary.com)도 있다. https://www.seoul.co.kr/news/economy/2025/01/25/20250125500087

76 이때 '인구 보너스→인재 보너스'를 위한 '생산가능인구=경제활동인구'의 전원활약이 실현된다. 경기회복과 청년고용이 동반조율도 필요하다. △자동화·디지털 전환에 따른 제조업 고용감소 △경력선호의 채용방식 △ICT(정보통신기술)·AI(인공지능)에 달리는 대학교육 등을 바꾸자는 의미다. 새로운 일자리가 좋은 일자리가 되기위한 역량강화와 이해조정은 시대화두일 수밖에 없다.

77 인구 오너스를 인재 보너스로 재구성하는 전략이다. 인재육성은 정책지원(교육비)을 통해 유초등부터 대학까지 양질의 교육기회 확대에서 출발한다. 구체적으로 인구감소, 고령위협, 일손부족은 인재교

육을 통한 취업촉진과 효율향상으로 대응한다. 교육기회의 충실·균등화로 빈곤의 재생산과 격차화도 저지된다.

78 스포츠경향(2025.8.22.), "특파원보고 세계는 지금", https://v.daum.net/v/20250822221456116. 대학 3학년 9월이면 취업을 확정짓고, 그중 상당수는 2~3개 기업에 합격한 후 골라갈 정도다. 2025년 대졸예정자의 98.8%가 내정(취업확정)상태로 알려졌다. 숙취휴가에 주4일제 등 놀랄만한 복지제도도 신입청년을 잡아두려는 고육지책의 결과로 알려졌다.

79 전영수, "인구감소 해법은 인재 키우기, 인재 보너스 시대 도래", 한국일보 2021.10.02. https://v.daum.net/v/20211002043010168. '경제성장=노동+자본+총요소생산성'을 분해하면 창의인재, 기술혁신의 파워를 쉽게 이해할 수 있다. 성장요소별 기여도를 보면 확실히 노동과 자본의 영향력은 축소됐다. 믿을 건 총요소생산성(부가가치)뿐이다. 2000~2004년 GDP성장률을 분해하면 노동(0.8%), 자본(2.2%)보다 총요소생산성(2.7%)이 가장 높다. 2025~2029년은 각각 −0.5%·0.8%·1.4%로 기여도 격차가 더 벌어진다. 인구와 직결되는 노동은 2020~2024년 −0.4%로 추정돼 사실상 인구 오너스로 접어들 수밖에 없다는 의미다(LG경제연구원).

80 Bespoke(2024.10.22.), "InterGen: Changing the Game", https://bespokeconsult.com/ageless-innovation-intergenerational-collaboration-drives-social-profit-impact/?utm_source=chatgpt.com 노청연대의 상징사례는 속속 등장한다. 가령 'InterGen' 프로그램이 만들어낸 'Showpass'란 플랫폼은 세대협업이 훌륭한 비즈니스가 될 수 있음을 증빙했다. 청년창업가와 은퇴투자자가 손잡고 '청년열정+노년경험'을 성공사업으로 이끌었다. 2012년 시작한 온라인플랫폼(이벤트, 티켓팅)인데 코로나19 때도 직원해고 없이 성장하며 연매출 10억 달러에 육박한다. 단순한 티켓팅을 넘어 이벤트와 경험의 미래를 재정의하면서 캐나다에서 가장 빠르게 성장 중인 플랫폼 중 하나로 알려졌다. 청년창업가는 비전과 기술을, 노년투자자는 운영과 금융을 맡는다. 거실에서 직접 만든 벤처로 혁신을 파

는 CEO와 늙었으나 조용히 모든 판을 뒤흔드는 베테랑의 연대를 한 언론은 "젊음은 시야를 넓혔고, 늙음은 생기를 얻었다"고 정리했다.

81 舟津昌平(2025), 《若者恐怖症−職場のあらたな病理》, 祥伝社新書, pp.24-73. 이른바 Z세대의 특징은 다음과 같다. 누구나 잘 아는 내용이나, 확연히 달라진 자녀세대의 머릿속과 특화환경을 Z세대의 이모저모로 정리해보자. △디지털 네이티브로 스마트폰, SNS를 일상적으로 사용 △사회문제, 환경문제에 높은 관심 △다양성·포용력의 중시 △자기표현에의 높은 관심 △가성비, 시성비의 중시 △오픈, 평평한 커뮤니케이션 선호 △본인의사 중시 △정보처리 속도가 빠름 △현상에 정답을 찾는 현실주의 △다양성의 수용자세가 강함 등이다. 사실도 있고 편견도 있지만, 청년인구라는 희소재화를 설명하는 범주에는 속한다.

82 국민주택 중에서 가장 인기가 많은 게 전용면적 $84m^2$(약 25평, 공급면적 33-34평)의 국민평형이다. 방 3개, 거실, 주방, 화장실 2개 등으로 3~4인 가족이 살기에 적합한 구조로 설계됐다. 최근 소형평형의 경쟁률이 더 높은 것으로 알려졌다.

83 실제 일본의 사회보장비는 국가예산을 웃돈다. 매년 막대한 적자국채를 찍어 연금과 보험료에 보태준다. 일반회계 예산(115조 엔) 중 사회보장관계비(38조 엔)만 35%대다. 이중 연금, 의료, 간병보험 지출이 29조 엔대다(2025년). 반면 저출산(자녀) 몫은 3조 엔대다. 대부분 초고령 대응예산이란 얘기다. 이로써 잠재적인 유력산업 1순위는 사회보장, 즉 의료/간병을 아우르는 복지파트로 귀결된다. GDP의 10%로 자동차업계에 필적한다. 연금까지 넣으면 20%를 웃돈다. 사회보장이 사업기회라면 관심은 당연지사다. 간병지출이 창출소득을 넘어선 고령가구가 초점이다. 정부공급만으로 복지수요를 못 맞추는 미스매칭도 급증세다. 한국도 비슷하다. 가령 요양원은 공공성의 복지그물에 속하나 엄격한 등급지정이 전제된다. 아니면 요양병원뿐이다. 의료관리와 사회방치가 빚어낸 엇박자다. 반면 수요급증이 확인된 실버타운은 공공복지 외부에 있다. 규제는 많고 공급은

뒤처지는 현실이다.

84 2018년 의료/복지분야 취업자(823만 명)는 총취업자(6,580만 명)의 12.5%나, 2040년 1,065만 명·5,654명으로 18.8%까지 커진다('2040년 사회보장의 장래전망', 내각부 2018). 기술진보로 생산성이 늘고 수요가 준다는 시뮬레이션 결과로도 983만~1,012만 명은 필요하다. 인구감소로 총취업자는 줄지만, 사회보장 취업자는 되레 늘어난다는 뜻이다. 뒤집으면 기타산업은 심각한 인원부족에 시달린다. 사회보장을 빼면 고용의 양적확대는 기대난이다. 성장전제의 경영전략은 무너지고 역성장의 비즈니스모델을 확립할 수밖에 없는 것이다. 과거흐름도 뒷받침한다. '2002년→2020년'에 걸쳐 제조업(19.0%→15.7%), 도소매업(17.5%→15.8%), 의료/복지(7.5%→12.9%) 등의 취업인원 비중변화가 뚜렷해서다. 유독 의료/복지취업만 2배가량 증가할 뿐이다. 2031년 15.9%까지 뛰며 제조업(15.8%)도 앞지른다. 결국 2040년 의료/복지는 18.8%로 늘어나며 일본산업 중 최대규모에 안착한다.

직업이 뭐냐고요? 자녀입니다

전업자녀

제1판 1쇄 인쇄 | 2026년 2월 10일
제1판 1쇄 발행 | 2026년 2월 25일

지은이 | 전영수
펴낸이 | 하영춘
펴낸곳 | 한국경제신문 한경BP
출판본부장 | 이선정
편집주간 | 김동욱
책임편집 | 오은환
교정교열 | 최혜영
저작권 | 백상아
홍보마케팅 | 김규형·서은실·이여진·박도현
디자인 | 이승욱·권석중

주   소 | 서울특별시 중구 청파로 463
기획편집부 | 02-360-4556, 4584
홍보마케팅부 | 02-360-4595, 4562   FAX | 02-360-4837
H | http://bp.hankyung.com   E | bp@hankyung.com
F | www.facebook.com/hankyungbp
등   록 | 제 2-315(1967. 5. 15)

ISBN 978-89-475-0244-3 03330